Rudolf Donnert

Coaching – die neue Form
der Mitarbeiterführung

Rudolf Donnert

Coaching – die neue Form der Mitarbeiterführung

Konflikte bewältigen, Ziele vereinbaren, Mitarbeiter motivieren

1. Auflage

Die Deutsche Bibliothek - CIP-Einheitsaufnahme

Donnert, Rudolf:
Coaching - die neue Form der Mitarbeiterführung : Konflikte
bewältigen, Ziele vereinbaren, Mitarbeiter motivieren / Rudolf
Donnert. - 1. Aufl. - Würzburg : Lexika-Verl., Krick Fachmedien 1998
   ISBN 3-89694-231-X

Lexika Verlag erscheint bei Krick Fachmedien GmbH + Co., Würzburg

© 1998 Krick Fachmedien GmbH + Co., Würzburg
Satz: TypoDesign, Radebeul
Druck: Schleunungdruck, Marktheidenfeld
Printed in Germany
ISBN 3-89694-231-X

Vorwort

Bereits in den frühen 70er Jahren waren neue Formen der Zusammenarbeit lebhaft diskutiert worden: job enlargement, job enrichment, job rotation, Fertigungsinseln und Gruppenarbeit zogen gegen die bis dahin praktizierte und konsequent vorangetriebene Arbeitsteilung ins Feld. Offensichtliche Mißerfolge bei Vorzeigebetrieben (z.b. Volvo) ließen die Diskussionen jedoch rasch wieder verstummen und manch hoffnungsfrohes Projekt in aller Stille sterben.

Gut 20 Jahre später erlebten und erleben die seinerzeit angedachten und zaghaft realisierten Organisationsformen eine Renaissance. Seit etwa drei oder vier Jahren haben viele Betriebe – auch kleinere und mittlere – ihre Fertigung und Verwaltung völlig neu strukturiert und autonome oder teilautonome Gruppenarbeit eingeführt. Arbeitszeitformen und Entlohnungssysteme wurden angepaßt. Und es stellen sich jetzt die Erfolge ein, die manchen „Experimenten" vor zwei Jahrzehnten versagt geblieben sind.

Für diese neuen Formen der Zusammenarbeit brauchen wir auch eine andere Art der Führung, die mit dem Begriff „Loslassen" und Coaching am besten beschrieben ist. Wo partnerschaftlich zusammengearbeitet wird, ist der einzelne nicht mehr nur ein Rad im Getriebe, sondern ein menschliches Individuum. Der Mitarbeiter ist jemand, der in seiner Arbeit Selbstverwirklichung suchen kann, Verantwortung übernehmen möchte und aus eigenem Antrieb nach neuen Ideen und Verbesserungen strebt. Ein Mensch also, der selbst etwas bewegen kann und will. Dabei braucht er allerdings klare Ziele, einen offenen Informationsaustausch, Beratung, Hilfe und individuelle Förderung. Nur so kann er in Zusammenhängen denken. Dadurch wächst auch die Flexibilität und die Fähigkeit, andere Aufgaben zu übernehmen.

Wer jedoch glaubt, mit Coaching alle Probleme lösen zu können, befindet sich auf dem Holzweg. Der Erfolg hängt von so vielen unternehmensspezifischen Besonderheiten ab, die alle zu berücksichtigen sind. Der Weg von der Idee bis zur Einführung ist gespickt mit Fallen, Fallstricken und Fehlversuchen. Oft wird der zweite Schritt vor dem ersten getan. Coaching ist eben nicht nur ein neuer Führungsstil, sondern erfordert eine mitarbeiterorientierte Unternehmenskultur des Zu- und Vertrauens. Wer nicht zuerst diesen Boden bereitet, wird Schiffbruch erleiden!

Damit dies nicht passiert, und sich Coaching als partnerschaftliche, individuelle Führungsform immer mehr durchsetzen kann, wurde dieses Buch geschrieben.

Es soll eine praktische Hilfe sein und behandelt u.a. die vielfältigen Aspekte des Coachings, welche persönlichen Eigenschaften ein Coach braucht, das veränderte Führungsverhalten, wie man Team- und Dialogfähigkeit entwickelt und Veränderungsbereitschaft erreicht. Eingebaute Übungen und Selbsttests können helfen, eigene Defizite im Bereich persönlicher und sozialer Kompetenz aufzudecken und eigene Schlüsse daraus zu ziehen. Als Einführung ein kleiner Exkurs an die Quellen unseres abendländischen Denkens.

Besonders möchte ich mich bei meiner Lektorin – Frau Petra Albert – für die vielen konstruktiven Anregungen bedanken. Es war eine angenehme und kooperative Zusammenarbeit.

München, September 1998   *Rudolf Donnert*

Inhalt

Quellen unseres abendländischen Denkens 11

1 Coaching als neue Form der Führung 17
1.1 Die Führungskraft als Coach 19
1.2 Was ist ein Coach? 21
   1.2.1 Anforderungen an einen Coach 21
   1.2.2 Persönliche Eigenschaften eines Coach 23
   1.2.3 Die Überzeugungskraft des Coach 24
1.3 Grundsätze der Zusammenarbeit für einen Coach 25
1.4 Ethischer Kompaß für einen Coach 26
1.5 Fragenkatalog zur Selbstreflexion 28

2 Wie führt ein Coach? 29
2.1 Ein Coach vereinbart Ziele 30
   2.1.1 Das Zielvereinbarungsgespräch 31
   2.1.2 Was bewirken Ziele? 32
2.2 Ein Coach läßt los 32
2.3 Ein Coach delegiert 34
   2.3.1 Was ist richtige Delegation? 34
   2.3.2 Fehler bei der Delegation vermeiden 35
2.4 Ein Coach setzt den inneren Generator in Bewegung 35
   2.4.1 Demotivation vermeiden 37
   2.4.2 Entscheidungsstufen 37
2.5 Ein Coach ändert Verhalten 38
   2.5.1 Vorgehen bei Anerkennung 39
   2.5.2 Von Kritik- zu Entwicklungsgesprächen 39
2.6 Ein Coach löst Konflikte 41
   2.6.1 Das partnerschaftliche Konfliktfeld 41
   2.6.2 Mögliche Konflikte frühzeitig erkennen 42
   2.6.3 Umgang mit „schwierigen" Mitarbeitern 43
   2.6.4 Anzustrebendes Verhalten bei Konflikten 43
   2.6.5 Das Konfliktlösungsgespräch 44

2.6.6 Bei Konflikten Emotionen kontrolliert einsetzen 45
2.6.7 Übung zur Wahrnehmung 46
2.7 Ein Coach kann mit Problempersonen umgehen 47
2.8 Ein Coach motiviert sich immer wieder selbst 47
   2.8.1 Schritte zur Selbstmotivation 48
   2.8.2 Spaßmacher 49
2.9 Ein Coach übt Höflichkeit und Rücksichtnahme 47

3 Wie der Coach Dialogfähigkeit entwickelt 50
3.1 Sach- und Beziehungsebene 50
3.2 Das Struktogramm der Persönlichkeit 51
   3.2.1 Die einzelnen Ich-Zustände 52
   3.2.2 Test: Welcher Ich-Zustand trifft zu? 53
3.3 Transaktionsanalyse 54
3.4 Selbsterkennung 58
3.5 Fehler in der Kommunikation 59
3.6 Aufbau von Gesprächen 60
   3.6.1 Zuhören können 61
   3.6.2 Rückmeldung geben 62
   3.6.3 Richtig fragen 63
   3.6.4 Ich-Botschaften senden 64
   3.6.5 Bewerbungs- bzw. Einstellungsgespräch 66
   3.6.6 Motivationsgespräch 68
   3.6.7 Jahresgespräch mit Protokoll 69
   3.6.8 Mitarbeitergespräch 74
3.7 Kommunikationshemmer 74
   3.7.1 Killerphrasen 74
   3.7.2 Psychologische „Spiele" von Erwachsenen 75

4 Der Coach als Teamleiter 78
4.1 Verschiedene Gruppen im Betrieb 79
4.2 Gruppengröße 82
4.3 Soziale Gruppenstrukturen 82
4.4 Gruppennormen 83
   4.4.1 Gruppendruck 84
   4.4.2 Gruppendynamik 84
4.5 Gruppenentwicklung 86

4.6 Teamfähigkeit 87
    4.6.1 Umgang mit den verschiedenen Diskussionstypen 88
    4.6.2 Der Coach als Moderator 90
4.7 Strategien für Teamarbeit 92
4.8 Gruppenzusammenhalt fördern 96
4.9 Merkmale erfolgreicher Gruppen 97

5   Werkzeugkasten für Coaching 98
5.1 Arbeitsmethodik und Selbstmanagement 98
    5.1.1 Arbeit planen 98
    5.1.2 Prioritäten setzen und ABC-Analyse 99
    5.1.3 Wichtigkeit und Dringlichkeit festlegen 100
    5.1.4 Zeitplanung nach der ALPEN-Methode 101
    5.1.5 Anregungen für Ihren Tagesplan 102
5.2 Zehn Regeln für Besprechungen 104
5.3 Konzentration auf eine Sache 105
    5.3.1 Selbsttest: Mein Streßfaktor 106
    5.3.2 Mehr Zeit für das Wesentliche 106
    5.3.3 Wichtige „Zeitfresser" 107
5.4 Moderation und Visualisierung 109
    5.4.1 Kartenabfrage / Metaplan 109
    5.4.2 Flip-chart und Overhead-Projektor 111
    5.4.3 Overhead mit LCD 112
5.5 Didaktik für den Coach 112
    5.5.1 Verständlichmacher 113
    5.5.2 Weiterführende Fragen 113

6   Der Coach schafft Veränderungsbereitschaft 114
6.1 Wie Lernen erfolgt 114
6.2 Die verschiedenen Lerntypen 115
6.3 Leistungskurve 116
    6.3.1 Belastbarkeit 116
    6.3.2 Folgerung für das Lernen 116
6.4 Ängste abbauen 117
    6.4.1 Angst vor Unbekanntem 118
    6.4.2 Angst vor Mißerfolg 118
    6.4.3 Angst vor Verantwortung 119

6.5 Wie der Coach Veränderungen einführt 119

6.6 Kontinuierliche Verbesserungsprozesse in Gang setzen 120

    6.6.1 Problemspeicher 122

    6.6.2 Ideensammlung und Maßnahmenplan 123

6.7 Das lernende Unternehmen entwickeln 125

Zusammenfassung 127

Quellenangaben 129

Literaturverzeichnis 131

Stichwortverzeichnis 133

Quellen unseres abendländischen Denkens

Das menschliche Denken und damit auch Handeln wird sehr stark von philosophischen Strömungen beeinflußt. Der Geist des Abendlandes wurde v.a. von den griechischen Philosophen des vierten und fünften vorchristlichen Jahrhunderts, dem Christentum und von der Aufklärung geprägt.

Wichtige griechische Philosophen

Einer, von dem man es gar nicht erwarten würde, und der mit seiner gedanklichen Tiefe bis in die heutige Zeit hinein wirkt, war **Heraklit** aus Ephesos, der um etwa 540 v. Chr. das Licht der Welt erblickte. Er wird wegen seines knappen, eigenwilligen Stils der „Dunkle" genannt. Heraklit stammte aus einfachen Verhältnissen, war sein ganzes Leben lang ein Pessimist, Menschenverächter und Einzelgänger; er haßte die Masse. Das zeigt sich z.b. an Äußerungen, wie „Die meisten Menschen sind schlecht, nur wenige taugen etwas"[1] oder „Die meisten denken nur daran, sich wie Herdentiere satt zu essen"[2], die ihm zugeschrieben werden.

Nach Heraklits Anschauung formt sich aus dem Weltfeuer als Urgrund aller Materie und dem in ihm wirkenden Weltgeist (Logos) die vielfältige und gegensatzgeladene Welt der Erscheinungen (Kosmos), die nach dem ewigen Gesetz von Entstehen und Vergehen zu neuem Werden in das Weltfeuer zurücksinkt. Mit seinem berühmten und gescheiten „panta rhei – alles fließt", ist Heraklit auch einem großen Publikum bekannt.

Heraklit stand politisch immer auf der Seite des Tyrannen und sah die Welt als ein gewaltiges Kampffeld: „Überall ist Spannung und Kampf", „Alles entsteht auf dem Weg des Streites", „Der Krieg ist der Vater aller Dinge". Heraklits philosophischer Ansatz der Polarisierung hat vor allem auf die Dialektik Hegels, das Denken in Gegenpolen (These – Antithese) und auf Friedrich Nietzsche (Jenseits von Gut und Böse) starken Einfluß ausgeübt. Hegel „lieferte" bekanntlich die theoretischen Grundlagen für den dialektischen bzw. historischen Materialismus von K. Marx und F. Engels.

Platon war Aristokrat und kam um 428 v. Chr. zur Welt. Er war Schüler des greisen Sokrates und hat fast alle Schriften, die Sokrates zugeschrieben werden, verfaßt. Oft flossen dabei natürlich auch Platons eigene Ideen mit ein. Die Blütezeit des demokratischen Athener Stadtstaates (Polis) erlebte er nur noch als Jugendlicher. Später gab es für ihn in der Demokratie nur noch Enttäuschungen und zum Schluß mußte er mit ansehen, wie Sokrates von den Athener Bürgern zum Tode ver-

urteilt wurde und den Schierlingsbecher trinken mußte. Platon gründete in Athen
die „Akademie", eine Philosophenschule.

Er entwickelte aus den Erfahrungen der griechischen Polisverfassung im Stadtstaat
und aus eigenen Ideen eine neue Staatslehre (Politeia). Nach ihr besitzt der Philosoph oder König die oberste Befähigung zur Führung. Platon war Verfechter der
Oligarchie, der Herrschaft der Besten. Als höchste Prinzipien gelten Pflichterfüllung
und Gerechtigkeitssinn. Diese Ordnung konnten nur die Besten schaffen. Der Beste konnte bei ihm auch ein Tyrann sein, wenn er nur ein guter Philosoph war. Das
gesamte philosophische Denken ist ausgerichtet auf die Ideen des Guten, Wahren
und Schönen.

In seinem Höhlengleichnis macht Platon einen Sprung zur metaphysischen Theo-
rie: „Wir sehen nur, was wir sehen wollen und können". Diese Haltung erschwert
bis heute interdisziplinäre Lösungsansätze.

Im Gegensatz zur Philosophie des Aristoteles (seinem Schüler) war Platon im Mittelalter wenig bekannt und wurde erst im Humanismus (Menschlichkeit) zu neuem
Leben erweckt.

Aristoteles, ein Schüler Platons, war Professor und Wissenschaftler; er wurde 384
v. Chr. in Makedonien geboren und war sechs Jahre lang Erzieher und Lehrer von
Alexander dem Großen. Er war der universalste Denker und Naturforscher des Al-
tertums mit weitreichender Nachwirkung, besonders auf die Philosophie des Mit-
telalters.

Aristoteles war Begründer der formalen Logik, der empirischen Wissenschaften und
des analytischen Denkens. Er teilte die Dinge der Welt in drei Kategorien ein: mi-
neralische, pflanzliche und tierische Stoffe. Das höchste Gut des Menschen sei es,
seinen Verstand zu gebrauchen und in seinem Tun und Handeln immer wieder die
„gerechte Mitte" zu finden.

Aristoteles gründete das „Lykeion" (Lyzeum), in etwa ein Vorläufer unserer heuti-
gen Universitäten. Im Gegensatz zur Akademie Platons, die mehr den Musen ge-
widmet war, gab es feste Stundenpläne und es herrschten Disziplin, Zucht und Ordnung.

Das Christentum

Die Lehren des Aristoteles hatten starken Einfluß auf das Christentum. Zweitau-
send Jahre galt fast alles, was Aristoteles gesagt hat, als unangreifbar – dafür kann
er selbst natürlich nichts. Sein analytischer Denkansatz führte zum Abteilungs- und
Kästchendenken und zu Schwarzweißmalereien. Das Mittelalter und die Philosophen der Aufklärung waren von Aristoteles stark beeinflußt.

Die Gedanken des Aristoteles haben – wie schon erwähnt – auch auf die großen christlichen Kirchen- und Glaubenslehrer Augustinus (354–430), Thomas von Aquin (1224–1274) oder Thomas Morus (1478–1535) nachgewirkt. Die christlichen Grundwerte wurden – zumindest in der Vergangenheit – stark von ihnen geprägt. Hinzu kam die Autorität des Papstes mit strengen, hierarchischen Führungsprinzipien und absolutem Gehorsam. Bei Fehlern suchte man zuerst einmal nach Schuldigen und nicht nach den Ursachen. Probleme wurden verdrängt und damit nicht gelöst.

Die Aufklärung

Die Aufklärung ist eine von Westeuropa ausgehende geistige Bewegung – mit ihren Wurzeln in die Renaissance und den Humanismus zurückreichend – die v.a. die Grundlagen und das Weltbild der neuen naturwissenschaftlich-mathematischen Vernunft innerhalb der menschlichen Gesellschaft durchsetzen wollte.
Die Aufklärung verfocht besonders den Gedanken religiöser Toleranz und die Freiheit des Geistes. Dies bedeutete die Revolution der unabhängigen, selbstgewissen Vernunft gegen die historischen Autoritäten. Ihre Grundsätze wollte sie nicht an nationale Grenzen gebunden sehen. Sie war Wegbereiterin der Französischen Revolution.

Exemplarisch möchte ich hier die bedeutendsten Philosophen der Aufklärung, den Franzosen **René Descartes** und den Engländer **Isaac Newton** nennen. Sie versuchten vor ca. 350 Jahren der Philosophie ein exaktes Methodenfundament zu geben, und haben unser naturwissenschaftliches Denken stark geprägt. Hilfsmittel waren bei ihnen die Mathematik und Physik. Sie vertraten die Ansicht, daß auch komplexe Probleme durch systematische und logische Zergliederung in einzelne Bestandteile gelöst werden könnten. So werde alles beherrschbar sein. Der Taylorismus basiert auf diesen Gedanken und Grundlagen.
Ein weiteres Element war die Trennung von Körper und Geist; das wirkt noch heute nach. Geistige Tätigkeiten werden höher bewertet als körperliche Arbeit. In vielen Betrieben wird immer noch getrennt in Arbeiter des „Kopfes" und Arbeiter der „Hand". Die Denker dürfen nichts tun und die Macher sollen nicht denken – das ist zwar etwas überspitzt ausgedrückt, aber in der Tendenz sicher richtig.
An die Grenzen stößt das Modell dort, wo ganzheitliches Denken gefordert ist. Es fällt uns eben allen sehr schwer von klaren, überschaubaren „Wenn-Dann-Beziehungen" abzugehen. Dies verhindert vielfach eine Problemlösung nach integralen Ansätzen.

Auswirkungen auf die Schulbildung

Auch die Inhalte unserer Schul- und Hochschulausbildung (auf allen Ebenen) werden von diesem mechanischen Denken beherrscht: Digitales Fach- und Funktionswissen, logische und kausale Ansätze, Analytik und reine Wissensvermittlung stehen immer noch im Vordergrund. Dadurch beschränkt sich der einzelne auf sein spezielles Segmentwissen und verzichtet auf das zusätzliche Wissen anderer.
Analoge, bildhafte, ganzheitliche und vernetzte Sichtweisen, Erfahrungen, Emotionen, Intuition und Integration kommen in unserer Schulbildung nicht vor oder werden sträflich vernachlässigt. Ein Denken in Zusammenhängen fehlt weitgehend.
Die Auswirkungen sind verheerend und überall spürbar: Sozialverhalten, Teamarbeit, Kooperation, Toleranzbereitschaft, Kompromißfähigkeit und Konsensbildung werden in der schulischen Ausbildung kaum vermittelt! Ein Menschenbild, wie man besser miteinander umgehen kann, wird nicht gelehrt.

Berufliche Ausbildung

Führungskräfte wissen zwar meist über ökonomische Parameter und organisatorische bzw. technische Abläufe gut Bescheid – doch die wesentliche Ressource, der Mensch – wird dabei oft ignoriert oder ganz einfach vergessen.
In den meisten beruflichen Ausbildungsgängen sind zwar die Themen Sozialkompetenz, Teamarbeit, Kooperation, Integration und Konfliktbewältigung im Lehrplan – oft stehen sie leider nur auf dem Papier und sind Absichtserklärungen; Worte und Taten stehen meist nicht in Übereinstimmung. Eine Besserung ist aber schon in Sicht, weil die Betriebe mit den bisherigen Methoden und Organisationsformen die immer komplexer werdenden Aufgaben und Probleme nicht mehr bewältigen können.

Was ist in den Unternehmen zu tun?

Die Unternehmen haben dabei eine große Aufgabe vor sich und müssen die von den Schulen hinterlassenen Lücken schließen. Wenn die Führungsideen des Coaching im Unternehmen vorgelebt werden, können sie sicher dabei helfen von Linien-Organisationen zu vernetzten Strukturen zu kommen.

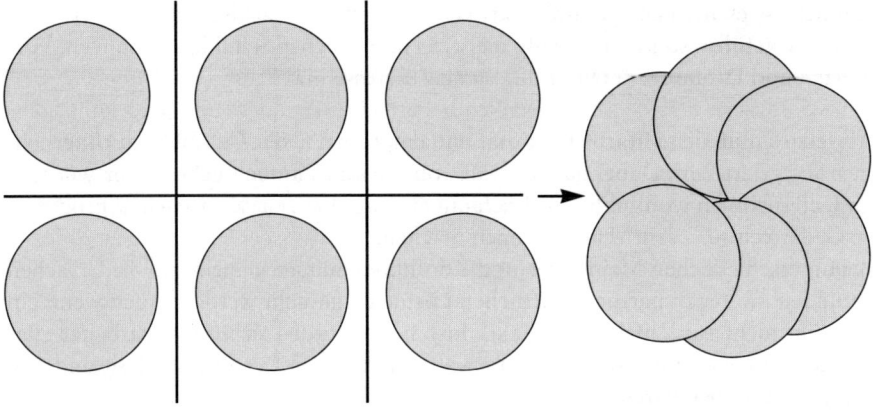

Abb. 1: Von der Einzel- zur Facetten-Organisation

Als erstes brauchen wir ein Menschenbild des Vertrauens und das Leitbild eines emanzipierten Mitarbeiters, der in bestimmten Freiräumen eigenverantwortlich handeln und entscheiden kann. Das geht nur, wenn er seine Arbeit in ein sinnvolles Ganzes einordnen kann.

Zweitens brauchen wir Transparenz und umfassende Information. Nach neueren Umfrageergebnissen fühlen sich ca. 70 % der Mitarbeiter nicht ausreichend oder regelmäßig informiert, obwohl die zuständigen Führungskräfte behaupten, sie würden es tun. Wer aber unklare Ziele hat und mangelhaft informiert ist, kann nicht zukunftsorientiert mitdenken und -arbeiten.

Der dritte Punkt ist die Teilhabe in allen Bereichen. Die Mitarbeiter sollen „vor Ort" auch in die Kundenbeziehungen eingebunden werden. Das geht nur, wenn jeder Mitarbeiter eine hohe persönliche Wertschätzung erfährt. Mitwirkungsmöglichkeiten erhöhen die Identifikation mit Produkt und Unternehmen. Unselbständige Mitarbeiter deuten immer auch auf eine falsche Führung hin.

Man sollte immer wieder konstruktive Rückmeldung geben. Viele deutsche Führungskräfte loben bei guten Leistungen gar nicht oder zu spät, obwohl allgemein bekannt ist, daß Lob und Anerkennung der wichtigste intrinsische Motivator ist.

Ähnlich ist es bei Fehlverhalten: Kritik wird nicht als sachbezogenes Korrekturgespräch geführt, sondern es bleibt meist bei persönlichen Schuldzuweisungen, Vorwürfen und Drohungen. Dies führt zu Desinteresse und Frust.

Als letztes muß der Mitarbeiter sozial und emotional („Wir-Gefühl") im Unternehmen integriert sein. Dabei darf es kein „oben" und „unten" geben. Nur wer sich im Unternehmen wohlfühlt, wird sich (auch in der Freizeit) kreative und produktive Gedanken für „sein" Unternehmen machen.

Bei unterschiedlichen Meinungen und Konflikten müssen gemeinsam die Ursachen gefunden und nach partnerschaftlichen Lösungen gesucht werden. Auch wenn ein Konflikt nicht zur Zufriedenheit aller lösbar ist, werden sich die Mitarbeiter eher mit der Entscheidung identifizieren, wenn sie bei der Ursachenanalyse und Lösungssuche dabei waren.

Nur mit dem Führungsprinzip des Coaching wird man die eben genannten Grundsätze erreichen können. Ein Coach wird sich selbst zurücknehmen und vermehrt die Mitarbeiter in die Verantwortung einbinden. Sie werden dadurch noch wichtiger und auch größer. Der Coach wird dann als Führungskraft zwar unsichtbarer, aber nicht unverzichtbarer – ganz im Gegenteil!

1 Coaching als neue Form der Führung

Zunächst denkt man beim Coachen an sportliche Disziplinen. Auch dort geht es um Leistung, Motivation, Erfolg und das gemeinsame Ausnutzen von Erfahrungswissen. Aber im Unterschied zum Sport ist die Situation im Betrieb um ein Vielfaches komplizierter. Die Unternehmen und ihre Mitarbeiter stehen heute unter einem erheblichen Leistungsdruck, der noch weiter zunimmt. Zum einen setzt man sich, was Leistung betrifft, selbst unter Druck, zum anderen wird dieser Druck vom Umfeld gemacht: Märkte, Technik, Organisation, Gesellschaft und gesetzliche Rahmenbedingungen verändern sich ständig, Aufgaben werden komplexer mit Auswirkungen nach innen. Die Ausbildung der Mitarbeiter ist viel besser geworden; heute haben – je nach Bundesland – 33 bis 40 % eines Jahrgangs Abitur! Vor ca. 30 Jahren lag die Quote nur etwa bei 4 bis 5 %. Ohne Übertreibung kann man sagen, daß sich die meisten Unternehmen in einer strukturellen Umbruch- bzw. Aufbruchsituation befinden, mit dem vorrangigen Ziel, die Mitarbeiter mit ihrer Kreativität und ihrem Engagement stärker individuell zu beteiligen.

Dafür brauchen wir eine neue Art der Führung, die mit dem Begriff „Coaching" am besten umschrieben ist. Beim Coaching geht es darum, die individuellen Fähigkeiten und Fertigkeiten der Mitarbeiter in den Dienst des gemeinsamen Ziels zu stellen und zur Zielerreichung zu bündeln. Das Coachen beschränkt sich dabei nicht nur auf die fachliche Leistung, sondern auf die ganze Persönlichkeit und das gesamte Verhalten. D.h., der Coach muß im Sinne eines ganzheitlichen Ansatzes – gemeinsam mit jedem einzelnen Mitarbeiter – die Stärken fördern und an den Schwächen permanent arbeiten.

Nehmen wir einen Fall aus der Praxis: Ihr guter Fachmonteur (Maschinenbediener) Höfling soll in Zukunft im Servicedienst bei Kunden eingesetzt werden. Ziel soll dabei sein, daß der jeweilige Kunde zufrieden ist, Herrn Höfling und Ihr Unternehmen in guter Erinnerung behält und bei Bedarf wiederkommt.

Als Coach werden Sie ein Anforderungsprofil für diese neue Aufgabe erstellen und sich überlegen, welche Eigenschaften Herr Höfling neben seinen Fachkenntnissen besitzen muß. Die neuen, fundierten und umfangreichen Fachkenntnisse wird er sich bei speziellen Produktschulungen schnell aneignen können. Weit schwieriger zu bewältigen sind zusätzliche Qualifikationen, die vorwiegend im Verhaltensbereich liegen.
Zu den Soll-Anforderungen für Herrn Höfling könnten folgende Merkmale zählen:

☐ Selbstbewußtsein

☐ Ausgeglichenheit

☐ Höflichkeit

☐ Fähigkeit, zuhören zu können

☐ gepflegte Erscheinung

☐ Identifikation mit Produkt und Unternehmen

☐ Sachlichkeit

☐ Überzeugungskraft

Die einzelnen Punkte werden Sie dann gemeinsam mit dem Mitarbeiter Höfling besprechen und mit dem Ist-Zustand vergleichen. Wie sehen Sie ihn dabei? Wie sieht er sich selbst? Sprechen Sie offen mit ihm darüber, v.a. bei den Abweichungen und erörtern Sie, wie erkannte Defizite abgebaut bzw. beseitigt werden können.
Halten Sie die Ergebnisse am besten schriftlich fest: Bis wann sollte welcher Entwicklungsschritt erreicht sein und was sollten Sie dabei an Unterstützung einbringen.

Um Ihre Mitarbeiter individuell coachen zu können, sollten Sie von ihnen auch einige persönliche Daten wissen. Sie zeigen dadurch Ihr Interesse an ihnen als Person und demonstrieren, daß es Ihnen nicht nur um die Arbeitsleistung geht.
Zu den persönlichen Daten gehören:

• Name, Vorname,
• Alter,
• Familienstand, Kinder,
• besondere Freizeitinteressen (Hobbys),
• landsmannschaftliche Zugehörigkeit,
• besondere Stärken bei der Arbeit.

Können Sie bei allen Ihren Mitarbeitern entsprechende Angaben darüber machen? Wenn nicht, zeigen Sie an diesen Mitarbeitern offensichtlich wenig Interesse – dies wird sich auch im Verhalten ihnen gegenüber äußern.

1.1 Die Führungskraft als Coach

Als Führungskraft ist nicht mehr der cheforientierte „Vor-Gesetzte", der „Ober-Manager" gefragt, der nur mit seinem eingeschränkten Segmentwissen arbeiten kann, sondern der „Primus inter pares", der Erste unter Gleichen, also der Coach. Der Coach begleitet, leitet an, berät, unterweist, fördert und kommt so mit seinen Mitarbeitern zum gemeinsamen Ziel. Das ist und klingt gut und deshalb wird Mitarbeiter-Coaching von vielen als einer der entscheidenden Erfolgsfaktoren für die Konkurrenzfähigkeit eines Unternehmens angesehen. Da dies nicht nur zu mehr Produktivität und Kostensenkung führen soll, sondern auch zu motivierten, engagierten und zufriedenen Mitarbeitern, erscheint der gegenwärtige Boom nicht verwunderlich.

Wer aber glaubt, mit Coaching alle Probleme lösen zu können, befindet sich auf dem Holzweg. Der Erfolg hängt von so vielen unternehmensspezifischen Besonderheiten ab, die alle zu berücksichtigen sind. Jedes Unternehmen hat seine eigene Unternehmenskultur. Der Weg von der Idee bis zur Einführung ist gespickt mit Fallen, Fallstricken und Fehlversuchen. Oft wird der zweite Schritt vor dem ersten getan. Coaching ist eben nicht nur eine Organisationsform oder eine Managementmethode, sondern erfordert eine mitarbeiterbezogene, partnerorientierte Unternehmenskultur. Wer nicht zuerst diesen Boden bereitet, wird Schiffbruch erleiden!

Einige wichtige Aspekte des Coaching

• Verantwortung muß dorthin, wo die Arbeit getan wird. Die Treppe wird von oben nach unten gekehrt. Die Geschäftsleitung muß den neuen Geist fördern und voll unterstützen; dies muß in allen Tätigkeiten zum Ausdruck kommen.

• Das Verhältnis von Führungskraft und Mitarbeiter ist heute anders, als noch vor zehn oder zwanzig Jahren; das Rollenverständnis und die Ausbildungsqualität der Mitarbeiter tragen eindeutige Zeichen der Emanzipation, eines gestiegenen Selbstbewußtseins. Es gibt so gut wie keine „Autoritätsfurcht" mehr. Der Umgang miteinander ist lockerer geworden.

• Die Verantwortung ruht heute auf vielen Schultern, weil sich die Zusammenarbeit über alle Hierarchiestufen ständig weiterentwickelt. Die Zusammenhänge in der Führung sind vielseitiger geworden; liefen früher die Fäden zwischen einzelnen, ist heute jeder Teil eines Gewebes, eines Beziehungsgeflechts (Vernetzung).

In den bisherigen Strukturen wurde zuviel nebeneinander und nacheinander gearbeitet. Aufgrund unserer vernetzten Strukturen brauchen wir heute ein Miteinander.

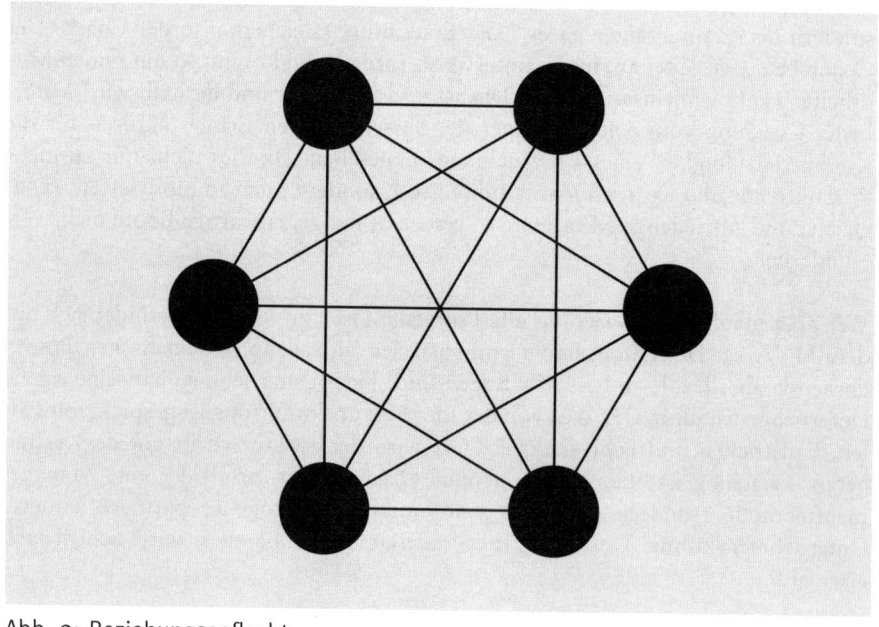

Abb. 2: Beziehungsgeflecht

- Der Stil des Umgangs miteinander wird neu geprägt. Informelle Gespräche, offene Kommunikation gehören vermehrt zum Alltag. Diese Entwicklung ist in vollem Gang.

- Informationen dürfen nicht scheibchenweise kommen. Betroffene Mitarbeiter sollten bereits in der konzeptionellen Phase eingebunden werden. Die Mitarbeiter müssen umfassend informiert werden. Das heißt, sie sollten mehr wissen und erfahren können, als sie zur Erfüllung ihrer Aufgaben unbedingt brauchen.

- Zur Zeit verdoppelt sich das Wissen alle fünf Jahre – auf manchen Gebieten, wie z.B. Informationstechnologie, geht es noch schneller; d.h. wir wissen von immer mehr immer weniger. Aufgaben und Probleme können nicht mehr allein gelöst werden, sondern nur noch gemeinsam in der Zusammenarbeit mit anderen. Wir brauchen die Kenntnisse jedes einzelnen Mitarbeiters und die Fähigkeiten aller!

- Die Führungskräfte sind heute immer häufiger auf „Experten" bei den Mitarbeitern angewiesen, weil die Aufgaben komplizierter und differenzierter werden. Einer/Eine allein kann immer weniger zur Lösung beitragen.

- Der Zwang zum Koordinieren von Zielen, Maßnahmen, Strukturen, Abläufen und Menschen ist größer geworden. Keiner weiß mehr alles. Auch Markt und Wettbewerb erfordern ein wachsendes Kreativpotential, da Unternehmenswachstum von Innovationserfolgen abhängt.

- Auch beim Coaching wird letztendlich der Coach die Verantwortung und das Entscheidungsrisiko tragen müssen. Aber er/sie wird durch eigenes Beispiel die Idee vorleben und sich aktiv an der Umsetzung beteiligen. So wird den Mitarbeitern die Angst vor den auf sie zukommenden Aufgaben bzw. Veränderungen genommen.

1.2 Was ist ein Coach?

Ein Coach ist jemand, dem das Wohl seiner Mitarbeiter wichtig ist. Er ist bestrebt im Mitarbeiter die besten Eigenschaften, dessen Können und Leistungsvermögen zur vollen Entfaltung zu bringen. Er stellt seine Mitarbeiter vor Herausforderungen und unterstützt sie nach besten Kräften zur Bewältigung dieser Aufgaben. Ein Coach verfügt über Kenntnisse und Erfahrungen, weil er/sie sich früher als die Mitarbeiter mit der Materie befaßt hat – nicht weil er/sie besser ist als die anderen. Ihm/Ihr ist es wichtig, gerade die Begabungen und Talente der Mitarbeiter zu wecken und zu fördern, die noch im Verborgenen liegen. Genau dadurch kann er/sie zusammen mit seinen/ihren Mitarbeitern zu Höchstleistungen kommen.

Dazu ist es oft gar nicht nötig, den Mitarbeitern etwas Neues zu vermitteln; manchmal genügt es, sie an ihre eigenen Fähigkeiten zu erinnern und ihr Selbstvertrauen zu stärken. Er/Sie ist also in dieser Hinsicht durchaus selbstlos und verfügt über eine ethische Grundorientierung. Er/Sie muß nicht der beste Fachmann und nicht perfekt sein, vielmehr muß er/sie anerkennen können, daß ein Mitarbeiter in einem bestimmten Bereich besser ist als er/sie selbst sein kann.

1.2.1 Anforderungen an einen Coach

Der Coach ist Vorbild, Impulsgeber und nicht einfach „Chef", der allein das Sagen hat und seinen Willen durchsetzt. Der Coach zwingt nicht, sondern überzeugt. Er/Sie muß zuhören können, sachliche (auch kritische) Rückmeldung geben, beobachten, analysieren, Alternativen entwickeln, weiterführende Fragen stellen, dialogfähig sein und offene, partnerschaftliche Gespräche führen können. Um so mit seinen Mitarbeitern umgehen zu können, braucht er/sie die folgenden Voraussetzungen:

- Der Coach sollte Vertrauen in die individuellen Fähigkeiten seiner Mitarbeiter haben.
Die Mitarbeiter werden zu dem, was wir von ihnen erwarten. Jeder Mitarbeiter ist auf seine Art ein „Ideenquell" im Unternehmen.

- Der Coach sollte seine Mitarbeiter ernst nehmen.
Dies führt zu Selbstvertrauen, zu Eigenverantwortung, Eigeninitiative und zu Denken in Zusammenhängen.

- Der Coach sollte persönliche und soziale Kompetenz besitzen.
Diese sollte mit innerer Autorität, die sich nicht auf die Rangstellung gründet, sondern von innen, von der Person her kommt, gepaart sein.

- Der Coach sollte sich seiner Stärken bewußt sein und an den Schwächen arbeiten. Die Fähigkeit zur Selbstkritik besitzen.

- Der Coach sollte von Mensch zu Mensch kommunizieren. Dies sollte nicht in der Form der Über- und Unterordnung geschehen.

- Der Coach sollte ein einfühlsamer Zuhörer und verständnisvoller Gesprächspartner sein. Er/Sie nimmt nicht nur Inhalte wahr, sondern auch mitschwingende Gefühle, Wünsche und Bedürfnisse.

- Der Coach sollte Ziele gemeinsam vereinbaren und zusammen mit den Mitarbeitern die nächsten Lösungsschritte erarbeiten. Außerdem muß er bei konträren Positionen vermitteln können.

- Er sollte andere Sichtweisen verstehen; d.h. im Geiste die andere Seite einnehmen.
Er muß sich ganz in diese Position versetzen können. Welche Bedürfnisse hätte ich an dieser Stelle?

Ein altes indianisches Sprichwort besagt: „Wer über einen anderen urteilen will, muß zuerst drei Monate lang in seinen Mokassins gelaufen sein."

1.2.2 Persönliche Eigenschaften eines Coach

Im Grunde geht es immer um folgende drei Haupteigenschaften:
- **Zielorientierung**
  mit Selbstbehauptung und Tatkraft bzw. Durchsetzungsvermögen, Ethik und moralischen Grundsätzen,
- **Verstandesebene**,
  Intellekt mit Analytik, Systematik und geordneten Denkstrukturen,
- **Gefühlsbereich**
  mit Emotionalität, Spontaneität, Intuition, Beziehungen und Sozialverhalten.

Entscheidend ist immer das Mischungsverhältnis zueinander!

Eigenschaften	Was bringe ich ein?	Wie sehen es andere?
Kreativität		
Lernfähigkeit		
Flexibilität		
Systematik		
Kontinuität		
Verantwortung		
Kommunikation		
Sachlichkeit		
Berechenbarkeit		
Kooperation		
Toleranz		
Ergebnisorientierung		
Diskretion		
Loyalität		
Intuition		
Aufgeschlossenheit		
Offenheit		
Aufrichtigkeit		
Gerechtigkeit		
Standhaftigkeit		

1.2.3 Die Überzeugungskraft des Coach

In meinen Führungsseminaren frage ich manchmal, „Was verbinden Sie mit dem Wort ‚autoritär sein' "? Fast immer kommen nur negative Eigenschaften, wie z.B. unterdrückend, herrschsüchtig, dominant, aggressiv, egozentrisch, läßt andere nicht gelten, sucht Fehler immer bei anderen, Daumen drauf, Druck, erzwingen, über andere hinwegsehen, kleinlich, spießig, macht Schuldzuweisungen, unberechenbar, ...

Im Gegenzug dazu frage ich dann, „Was verbinden Sie mit der Aussage ‚der/die hat Autorität' "? Es kommen dann meist positiv besetzte Eigenschaften, wie z.B. kompetent, läßt andere Meinungen gelten, hat Persönlichkeit, einflußreich, gibt eigene Fehler zu, glaubwürdig, berechenbar, hat etwas zu sagen, Vorbild, Format, Niveau, gutes Benehmen, gerecht, Wissen, tolerant, gewisse Großzügigkeit, Konsens, Korrektheit, Ausgeglichenheit, höflich, zurückhaltend, ...

Das heißt für uns, wenn ein Coach Autorität besitzt, verhält er/sie sich niemals autoritär. Er/Sie wird sich mit seiner natürlichen, inneren Autorität, seiner Sozialkompetenz, Ausstrahlung und seinem Charisma überzeugend „durchsetzen" und überzeugen.

Er/Sie ist selbstbewußt aber nicht überheblich.	☐
Er/Sie ist kompetent aber nicht besserwisserisch.	☐
Er/Sie ist konsequent aber nicht stur.	☐
Er/Sie ist kontaktfreudig aber nicht kumpelhaft.	☐
Er/Sie ist korrekt aber nicht pedantisch.	☐
Er/Sie ist tolerant aber nicht meinungslos.	☐
Er/Sie ist flexibel aber nicht planlos.	☐
Er/Sie ist zielorientiert aber nicht rücksichtslos.	☐
Er/Sie ist visionär aber nicht utopisch.	☐
Er/Sie ist offen aber nicht tratschhaft.	☐
Er/Sie ist verständnisvoll aber nicht aufdringlich.	☐
Er/Sie ist begeisternd aber nicht abgehoben.	☐
Er/Sie ist gefällig aber nicht profillos.	☐
Er/Sie ist integrierend aber nicht lavierend.	☐
Er/Sie ist umsetzend aber nicht herrschsüchtig.	☐
Er/Sie ist kompromißfähig aber nicht um jeden Preis.	☐

Überprüfen Sie sich bitte selbst, indem Sie die für Sie zutreffenden Persönlichkeitsmerkmale ehrlich ankreuzen.

1.3 Grundsätze der Zusammenarbeit für einen Coach

- Ich bin jederzeit für meine Mitarbeiter ansprechbar. Das gilt für berufliche, wie auch private Probleme.

- Zusammenarbeit und Teamgeist sollten gefördert werden. Durch Offenheit und partnerschaftlichen Umgang schaffen wir gemeinsam ein gutes Gruppenklima.

- Gemeinsam mit meinen Mitarbeitern vereinbaren wir klare Ziele. Wir besprechen die Zielsetzungen und stellen sicher, daß jeder Mitarbeiter dabei seine Aufgaben kennt.

- Ich delegiere Aufgaben, Kompetenz und Verantwortung. Ich fördere die Selbstverantwortung durch Eigeninitiative und Freiräume.

- Ich gebe umfassende, klare Informationen und sorge dafür, daß jeder auch die notwendigen Informationen erhält.

- Ich fördere meine Mitarbeiter durch interne und externe Weiterbildung. Gezielte Schulung am Arbeitsplatz gehört dazu. Durch Einsatz an verschiedenen Arbeitsplätzen fördern wir die Flexibilität.

- Wir stellen uns Problemen und Konflikten. Wir gehen ehrlich miteinander um und äußern unsere Meinung direkt. Bei Problemen suchen wir nach Lösungen. Ich achte darauf, daß es bei der Regelung von Konflikten keine Verlierer gibt.

Zum Coach wird man sicher nicht, wenn man möglichst viele Artikel darüber liest, sondern nur, wenn man selbstkritisch an sich arbeitet. Der Wille, sich zu ändern, muß am Anfang stehen. Es kommt darauf an, ehrlicher mit sich selbst umzugehen, eigene Stärken und Schwächen zu erkennen und transparent zu machen. Die drei Lebensfelder, Beruf (B), soziales Umfeld (S) und Privatsphäre (P) bzw. Familie müssen ausgewogen und im Einklang sein. Nur wenn dies so ist, kann ich mit Freude und Spaß auf andere wirken und sie überzeugen. Man darf sich beruflich nicht anders verhalten als in der Familie oder in der Freizeit, sonst wird man unglaubwürdig.

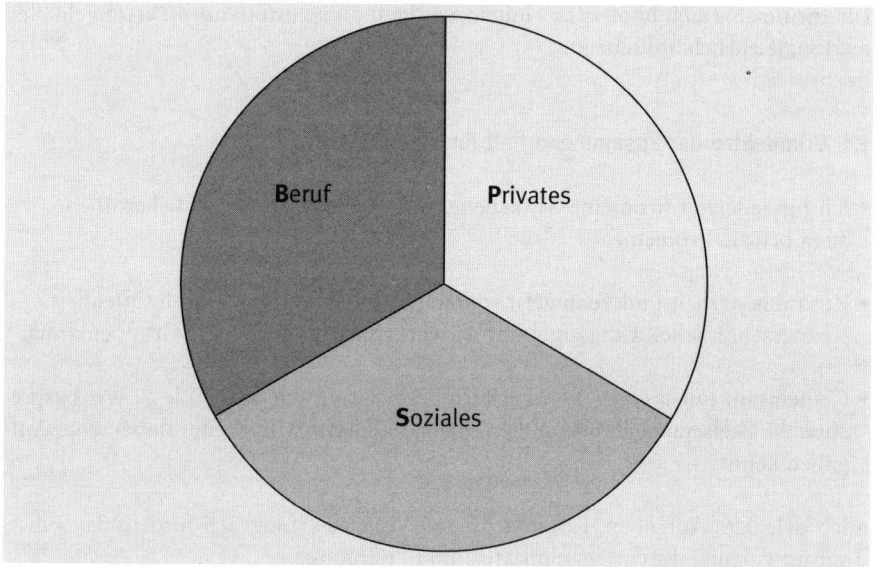

Abb. 3: Die drei Lebensbereiche

1.4 Ethischer Kompaß für einen Coach

Der Coach braucht auch für sein Handeln einen ethischen Orientierungsrahmen. Gemeint ist dabei vor allem die Frage nach dem Sinn: Warum und wozu lasse ich das tun? Der Coach sollte natürlich auch die sog. Sekundärtugenden Selbstdisziplin, Pünktlichkeit, Fleiß, Ordnung u.a. als Vorbild vorleben. Entscheidend für richtiges Coachen sind aber die vier Kardinaltugenden Klugheit, Gerechtigkeit, Tapferkeit und Mäßigkeit.

1. Klugheit

Im praktischen Leben handelt man mit gesundem Menschenverstand. Wenn der Mensch überlegt, handelt und die möglichen Folgen seines Handelns überdenkt, handelt er klug. Bei Klugheit denkt der moderne Mensch heute selten an eine Tugend. Dabei ist sie jene Haltung, mit der sich der Mensch zunächst um die Erforschung der Realität und um eine möglichst vorurteilsfreie und unparteiische Analyse bemüht. Der faire Dialog mit Andersdenkenden gehört selbstverständlich hier dazu.

Kluge Menschen handeln in der konkreten Situation jeweils vernünftig und richtig. Klugheit ist die Voraussetzung für die weiteren Tugenden und gibt ihnen den Realitätsbezug.

2. Gerechtigkeit

Heute umschreibt man Gerechtigkeit oft mit dem Wort „Fairneß". Mit Fairneß sind Ehrlichkeit, Zuverlässigkeit, Wahrhaftigkeit und das Einhalten von Versprechungen gemeint. Um gerecht zu urteilen, sollte man folgende Bedingungen erfüllen: Erstens sollte niemand in eigener Sache urteilen und zweitens sollte man auch immer die Gegenseite anhören. Weiterhin darf man nicht mit zwei Ellen messen. Wer Gerechtigkeit ausüben will, möge sich an einen Doppelspruch von Thomas von Aquin erinnern, wonach Gerechtigkeit ohne Barmherzigkeit grausam sei, andererseits Barmherzigkeit ohne Gerechtigkeit Auflösung bedeute.

3. Tapferkeit

Tapfer ist derjenige, der sich mit Hingabe und Mut, auch unter persönlichen Opfern, für andere Menschen einsetzt. Wenn Menschen eigene Überzeugungen und Lösungen umsetzen möchten und hierbei auf Widerstand bzw. auf Gleichgültigkeit, auf Lieblosigkeit oder Opportunismus stoßen, ist Tapferkeit gefragt. Tapfer sind Menschen dann, wenn Sie zur Durchsetzung der gerechten Sache bereit sind, auch Unannehmlichkeiten in Kauf zu nehmen. Heute umschreibt man Tapferkeit mit Zivilcourage, Bekenntnisbereitschaft oder auch -fähigkeit.

4. Mäßigkeit

Mit Mäßigkeit verbindet man oft Abstinenz; jedoch bedeutet es nicht Enthaltsamkeit, sondern das Wissen um das rechte Maß und die Grenze in allen Dingen. Jeder Mensch sollte aus den Extremen, in die er sich immer wieder verliert, zurückfinden in die Mitte zwischen dem Zuviel und dem Zuwenig. Selbstbeherrschung, Zügeln starker Triebe und Eitelkeit und Ehrgeiz sind Schlagworte, die man damit in Verbindung bringen kann. Dies sollte man aber nicht negativ sehen, denn Triebe treiben den Menschen in seinem Tun voran. Negativ bzw. belastend wirkt sich jedoch maßloser Ehrgeiz und übertriebene Eitelkeit aus, da sie die konstruktive Arbeit im Team behindern.

Alle genannten Tugenden bedingen sich untereinander und stützen sich gegenseitig. Der „blinde Ehrgeiz" z.B. ist ein unbeherrschtes, übertriebenes Verlangen; d.h.

er beeinflußt die Klugheit und damit auch die Basis für gerechtes Handeln, indem er den Blick für die Realität trübt.

Als übergeordnete ethische Handlungsanleitung könnte Kant's kategorischer Imperativ stehen. Er lautet sinngemäß: „Handle stets so, daß die Prinzipien Deines Handelns die Grundlage einer allgemeinen Gesetzgebung sein könnten." D.h. für eine coachende Führungskraft: „Führe so, wie Du selbst geführt werden möchtest, behandle Deine Mitarbeiter so, wie Du selbst behandelt werden möchtest."

1.5 Fragenkatalog zur Selbstreflexion

Beantworten Sie folgende Fragen, die Sie bei der Reflexion zur persönlichen Kompetenz eines Coach unterstützen werden:

Selbstreflexion	ja	nein
Sind Sie ein Typ, der von seinen Mitarbeitern immer nur fordert?	☐	☐
Kennen und akzeptieren Sie Ihre Grenzen?	☐	☐
Können sich Ihre Mitarbeiter auf Sie verlassen?	☐	☐
Sind Sie nachtragend?	☐	☐
Setzen Sie sich für Ihre Mitarbeiter ein?	☐	☐
Wie wichtig sind Ihnen die Meinungen und Leistungen anderer?	☐	☐
Stehen Sie zu Ihren Überzeugungen?	☐	☐
Sind Sie kritikfähig?	☐	☐
Übernehmen Sie die Verantwortung für Ihre Mitarbeiter und die Umwelt?	☐	☐
Machen Sie sich und Ihren Mitarbeitern etwas vor?	☐	☐
Wollen Sie mehr sein, als scheinen?	☐	☐
Verletzen Sie mehr als Sie aufbauen?	☐	☐
Sehen Sie immer nur Rechte, aber keine Pflichten?	☐	☐

Ihre Verhalten werden Sie leider nicht von einem Tag auf den anderen abändern können. Jedoch ist es bereits als Erfolg zu werten, jeden Tag einen kleinen Schritt in die richtige Richtung zu tun. Auf diesem Weg wünschen wir Ihnen viel Erfolg.

2 Wie führt ein Coach?

Führen heißt, eine Unternehmenskultur zu schaffen, in der Menschen mit Freude arbeiten und gute Leistungen erbringen. Aber was ist eine gute Leistung? Ist es das Planen, Organisieren und Kontrollieren, damit Termine, Qualität und Kosten stimmen? Oder bedeutet es Prozesse lenken, Zusammenhänge bewußtmachen, Schwachstellen erkennen und Verbesserungsvorschläge einbringen? Die größte Wertschöpfung erreichen wir heute mit zielorientiertem Denken, Entscheiden und Handeln; man sollte nicht alles akzeptieren, nur weil es bisher immer so gemacht wurde.

Der Mitarbeiter/Die Mitarbeiterin muß vom Anweisungsempfänger zur selbständig mitdenkenden und handelnden Person werden. Um das dafür notwendige Leistungspotential bei den Mitarbeitern wecken zu können, müssen die Führungskräfte von altgewohnten Vorstellungen Abschied nehmen. Solange Führungskräfte in ihrem Verhalten Entmündigungs- und Abwertungsrituale benutzen und bei jeder kleinen Fehlermöglichkeit aus Mißtrauen eingreifen, werden die für Zusammenarbeit notwendigen neuen Konzepte und Organisationsformen nicht greifen können.

Wir brauchen eine Führung des Beratens, Unterstützens und Helfens, nicht nur des Organisierens und „Managens". Dabei muß der Führende die Menschen so nehmen, wie sie sind und nicht, wie er sie haben möchte. Sie sollten immer zuerst bei sich selbst beginnen: Wenn ich mich mit meinen Stärken und Schwächen akzeptiere, kann ich auch andere so annehmen, wie sie sind. Was damit gemeint ist, möchte ich Ihnen mit der folgenden kleinen Geschichte erklären:

*„Ein Alleswisser ging zu einem großen Berg und sagte. „Wie dumm Du doch bist, o Berg! Du weißt weder wie breit, wie lang, noch wie hoch Du bist. Du kennst auch Deine Form nicht. Ich aber weiß alles über Dich." Der Berg überlegte eine Weile und meinte dann: „Es stimmt, ich weiß das alles nicht. Aber ich **bin** der Berg!"*

Hier sind einige Überlegungen, wie man anderen helfen kann, ihr individuelles „Ich-Sein" zu verwirklichen, damit jeder einzelne seine persönlichen Stärken und Erfahrungen, sein Wissen und Können zum Nutzen der gemeinsamen Aufgabe einbringen kann.

Anforderungen, die Sie erfüllen sollten:
• Vertrauen in die anderen und in mich, nicht vorhersehbare Schwierigkeiten zu bewältigen.

• Die Fähigkeit und Bereitschaft, sich in die Lage und Sichtweise des anderen zu versetzen.

• Offene, partnerschaftliche Kommunikation und umfassende Information.

• Denken in Alternativen. Kein „Entweder-Oder", sondern mehr „Sowohl-Als-Auch".

• Nicht so sehr eingeengt in Problemen denken, sondern an die verschiedenen Lösungsmöglichkeiten denken.

• Bei Fehlern nicht gleich . . . ! Keine Vorwürfe, Schuldzuweisungen und Drohungen. Aus Fehlern lernen.

• Sachliche Kritik, nicht auf die Person „losgehen".

• Tragfähige Beziehungen aufbauen und das Bestreben, andere erfolgreich zu machen.

• Glaubwürdigkeit, Verläßlichkeit, Redlichkeit, Offenheit und immer wieder Arbeit an sich selbst.

• Durchsetzen nicht mit äußerem oder psychischem Druck und Sanktionen, sondern überzeugen durch natürliche, innere Autorität, die von innen, von der Person her kommt.

• Disziplin als freiwillige Ein- und Unterordnung an die gemeinsame Sache, nicht in der Form des sklavischen Gehorsams.

2.1 Ein Coach vereinbart Ziele

Nur mit klar formulierten Zielen ist das Vorwärtskommen möglich. Je klarer die Ziele sind, desto leichter ist die Teamführung.
Ziele müssen durch Zahlen, Daten und Fakten meßbar und machbar sein:
• Wieviel? (Menge),
• Wie gut? (Qualität bzw. Qualifizierung),
• Bis wann? (Zeit bzw. Termine),
• Wie teuer? (Kosten bzw. Preise).

Stellen Sie immer auch die Sinnfrage: Warum tue ich das? Wozu lasse ich das tun? Wenn Sie einseitig mit Anweisungen Ziele vorgeben, ist das Fremdbestimmung und erzeugt bei Mitarbeitern eine innere Abwehrhaltung. Ziele gemeinsam zu vereinbaren, ist Selbstbestimmung; es entsteht eine Identifikation. Nur in Übereinstimmung und Rücksichtnahme mit den Mitarbeitern sind die Ziele auch erreichbar.

Zielvereinbarung bedeutet, daß beide Gesprächspartner (Coach und Mitarbeiter) ihre Vorstellungen von den künftigen Ergebnissen der Arbeit in das Gespräch einbringen. Am Ende des Gesprächs sollen Ziele formuliert sein, denen beide Partner zustimmen können. Zur Vorbereitung des Gesprächs ist es für beide Seiten hilfreich, einige Fragen möglichst genau zu beantworten. Der Coach sollte sich fragen: „Wie kann erreicht werden, daß . . .?" Entsprechend sollte sich der Mitarbeiter fragen: „Wie kann ich dazu beitragen, daß . . .?"

Beispiel: Die Geschäftsleitung hat beschlossen, eine stärkere Kundenorientierung zu betreiben. Frage des Abteilungsleiters: „Was kann ich in meiner Abteilung tun, um unter den gegebenen Bedingungen die einzelnen Tätigkeiten mehr an den Bedürfnissen der Kunden auszurichten?" Der Mitarbeiter sollte sich fragen, was er in seinem Bereich dazu beitragen kann, damit die Kundenbedürfnisse besser berücksichtigt werden.

2.1.1 Das Zielvereinbarungsgespräch

Der Coach muß die Unternehmensziele inhaltlich voll mittragen und aus dieser Überzeugung heraus den Mitarbeitern ihren Sinn erläutern können. Das setzt allerdings voraus, daß die Unternehmensziele sinnvoll vermittelt wurden.

Beispiel für ein Zielvereinbarungsgespräch:
„Die Strategie – mehr Kundenorientierung – kann ich nur bejahen. Wenn ich bei anderen Unternehmen in der Rolle des Kunden bin, habe ich oft den Eindruck, die wollen mir nur etwas andrehen. Dann war ich die längste Zeit deren Kunde. So geht es vielen. Unsere Abteilung wird daher im nächsten Jahr die Arbeit stärker an den Bedürfnissen der Kunden ausrichten. Lassen Sie uns gemeinsam überlegen, was das für Ihre Arbeit bedeutet?"

Wenn eine grundlegende Übereinstimmung mit dem Mitarbeiter erreicht wurde, sollte er seine Vorstellungen über mögliche Ziele vorbringen können. Im dialogorientierten Gespräch kann dann der Coach seine Erwartungen einbringen und mit dem Mitarbeiter abgleichen. In einem zweiten Schritt ist zu prüfen, ob Zielkonflikte vorliegen können. Wenn ja, muß die Führungskraft klären, welche Zielsetzung im Konfliktfall wichtiger ist.

2.1.2 Was bewirken Ziele?

• Ziele geben Sicherheit.
Nach einem richtig geführten Zielvereinbarungsgespräch weiß der Mitarbeiter, was von ihm erwartet und woran er künftig gemessen wird. Das gibt seiner Arbeit Orientierung. Der Mitarbeiter kann selbst entscheiden, ob sein Handeln zielführend ist.

• Ziele steigern die Leistung.
Wenn ein Mitarbeiter z.B. weiß, daß er bis zum Ende der Woche seinen Projektbericht vorlegen muß, kann er leicht abschätzen, wieviel Zeit die Fertigstellung erfordert. Er wird so zusätzliche Energien aufbringen. Hindernisse bzw. Schwierigkeiten auf dem Weg zum Ziel werden leichter überwunden. Wenn der Mitarbeiter noch wichtige Daten braucht, wird er alles daran setzen, sie auch zu erhalten. Ziele zwingen auch zu konzentriertem Arbeiten. Der Mitarbeiter in unserem Beispiel wird alle Aufgaben, die ihn von der Fertigstellung des Berichts abhalten, beiseite schieben. An Informationen werden ihm nur die ins Auge stechen, die für sein Ziel wichtig sind.

2.2 Ein Coach läßt los

Was eine Führungskraft als Coach für die gemeinsame Zielerreichung braucht und lernen muß – entgegen aller Erfahrungen und Erziehungsprozesse – ist mit dem Begriff „Loslassen" treffend umschrieben. Ich muß mich als „Vor-Gesetzter" zurücknehmen, damit meine Mitarbeiter die Freiräume bekommen, die sie zur Entfaltung ihrer Leistungsbereitschaft brauchen. Das fällt schwer, ist dennoch sehr vital. Loslassen ist ein aktiver Prozeß, bei dem die Führungskraft Verantwortung und Befugnisse delegiert, Arbeiten abgibt, die andere auch und meist sogar besser können. Das ist angewandtes Coaching. Der Coach schenkt Vertrauen, damit eine effektive Zusammenarbeit entstehen kann. Auf übertriebene Machtmittel wird verzichtet, der/die andere wird so genommen wie er/sie ist und als Person geschützt. Durch dieses Führungsverhalten gewinnt ein Coach Freiräume für die wirklich wichtigen Dinge (z.B. individuelle Förderung der Mitarbeiter), für die früher keine Zeit war.

Für die Zielerreichung und das Verhältnis zueinander wird ein Rahmen festgelegt. Innerhalb dieser Grenzen können sich die Mitarbeiter frei bewegen. „Eingriffe" erfolgen nur bei Verlassen des Rahmens.

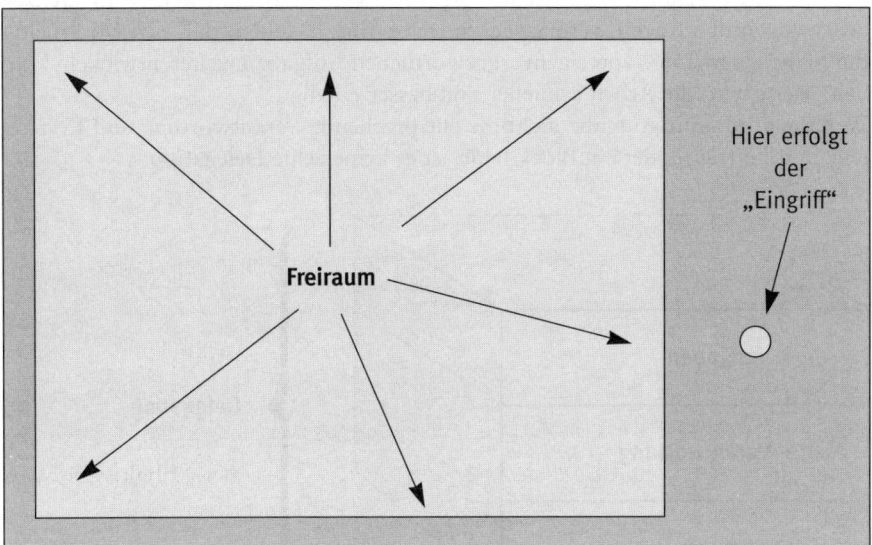

Abb. 4: Rahmen für das „Loslassen"

Beispiel:
Drei Ihrer Mitarbeiter möchten im gleichen Zeitraum Urlaub nehmen. Sie als Coach geben den Rahmen bzw. die Vorgabe, daß in der Zeit mindestens ein Mitarbeiter anwesend sein muß. Sie überlassen es den Mitarbeitern, sich untereinander zu einigen. Erst wenn sie das nicht innerhalb der vereinbarten Frist schaffen, erfolgt der „Eingriff". Dieser könnte zuerst i. F. v. Unterstützung und Hilfestellung angeboten werden; als letzte Möglichkeit sollten Sie anordnen.

Beim „Loslassen" geht es darum, das Können und Wollen der Mitarbeiter mit dem Dürfen zu verbinden.
Wie sagte doch Karl Valentin, der bekannte Münchner Komiker, einmal so schön:
„Mögen hätten wir schon wollen, aber dürfen haben wir uns nicht getraut."
Das wichtigste ist also das Dürfen, d.h. die Selbstführung, Autonomie und Selbstverantwortung zu übertragen. Das geht nur mit einem vertrauensvollen, offenen Miteinander!

2.3 Ein Coach delegiert

Eine Möglichkeit, das Loslassen zu praktizieren, ist die Delegation. Delegieren ist ein Führungsinstrument, bei dem Aufgaben, Verantwortung und Kompetenzen ausgewogen übertragen werden. Echte Delegation bedeutet, daß sich Mitarbeiter durch die Übernahme von eigenverantwortlichen Aufgaben weiterentwickeln können. Meist wird die Arbeit schneller und besser erledigt.

Wenn man für eine Aufgabe nicht die entsprechende Verantwortung und Kompetenz **mit**überträgt, oder ein Block fehlt, ist es keine echte Delegation.

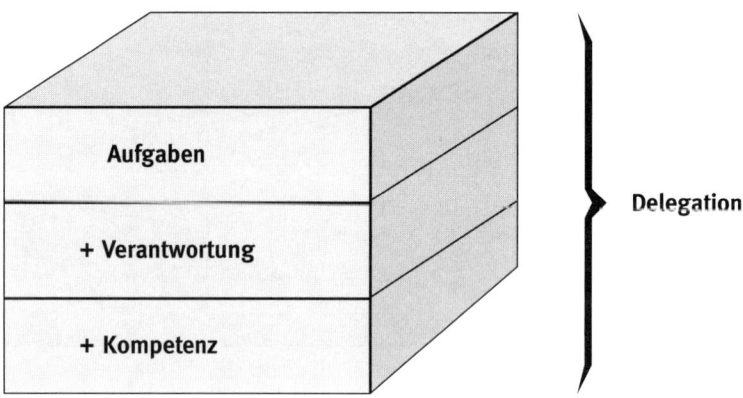

Abb. 5: Echte Delegation

In der Praxis sieht es leider oft anders aus: Wir erhalten zwar viele Aufgaben und sind auch für alles Mögliche zuständig, doch sind unsere Befugnisse bzw. Entscheidungskompetenzen gering.

2.3.1 Was ist richtige Delegation?

Delegation bedeutet Vertrauen geben, Geduld haben und gewähren lassen. Man muß akzeptieren können, daß der eigene Weg nicht der einzige und nicht der beste ist. Das Delegieren verliert seinen Sinn, wenn die Mitarbeiter auf den Weg der Führungskraft „eingeschworen" werden. Dann kann man gleich bei der Weisungsbefugnis bleiben. Delegation funktioniert nur bei umfassender Information: Die Mitarbeiter müssen mehr wissen und erfahren können, als sie zur Erfüllung ihrer Aufgaben unbedingt brauchen.

Wirkliche Delegation ist auf allen Ebenen möglich: Wenn ich z.b. zu einem Mitarbeiter im Lager sage: „Ab morgen reinigst Du ein doppelt so großes Lager", dann ist dies nur eine quantitative Arbeitserweiterung. Wenn ich aber sage: „Du bist in Zukunft auch für die Beschaffung der Putz- und Reinigungsmittel zuständig und erhältst dafür ein Jahresbudget, für das Du allein verantwortlich bist", dann ist dies eine qualitative Bereicherung der Arbeit und richtig verstandene Delegation.

2.3.2 Fehler bei der Delegation vermeiden

Beim Delegieren sind die individuellen Fähigkeiten und Fertigkeiten zu berücksichtigen. Dies ist eine Möglichkeit, Mitarbeiter zu fordern, aber sie sollten auf der anderen Seite auch nicht überfordert werden. Wir brauchen die Stärken von allen! Delegation sollte nicht ohne Grund und Abstimmung durchbrochen werden. Erfolge und Mißerfolge müssen eigenverantwortlich erlebt werden.

2.4 Ein Coach setzt den inneren Generator in Bewegung

In manchen Motivationsseminaren entsteht der Eindruck, mit „Psycho-Tricks" könne man andere Menschen motivieren. Das muß er/sie schon selbst tun. Wir können nur Bedingungen schaffen, damit sich die Mitarbeiter von innen heraus selbst motivieren können. Frederik Herzberg[3] – ein Klassiker der Motivationspsychologie – spricht in diesem Zusammenhang von einem inneren Generator, der sich in Bewegung setzen muß. Um Talente, Fähigkeiten, Erfahrungen und Kenntnisse bei den Mitarbeitern nutzen zu können, muß ich wissen, was Menschen innerlich antreibt.

Im Grunde sind es drei Schlüsselbegriffe:

1. Persönliche Wertschätzung
• Respektierung des Mitarbeiters als Mensch,
• Flexibilität beim Eingehen auf persönliche Bedürfnisse,
• Ermutigung zu Lernprozessen,
• Vermittlung und Training neuer Fähigkeiten,
• Eingehen auf Befürchtungen und Ängste.

2. Umfassende Information
• Schon im Vorfeld umfassend informieren. Abhängigkeiten und Zusammenhänge aufzeigen,

- erklären, warum die Dinge auf eine bestimmte Art und Weise zu tun sind,
- interne Informationen über das Unternehmen weitergeben.

3. Mitsprache und Teilhabe
- Die Mitarbeiter können ihre Arbeitsweise weitgehend selbst beeinflussen und bestimmen.
- Sie werden in alle Entscheidungen, die sie selbst betreffen schon frühzeitig eingebunden.
- Im weiteren Verlauf des Prozesses kann dieses Mitbestimmen auch auf weitergehende Entscheidungen ausgebaut werden.

Bei vielen meiner Praxis-Seminare frage ich die Teilnehmer, wann arbeiten Sie gerne, wann macht Ihnen die Arbeit Spaß. Im Grunde genommen laufen die Antworten fast immer auf dasselbe hinaus. Ich arbeite dann gut, wenn …

… ich etwas verändern kann,

… ich mich selbst einbringen kann,

… ich auch einmal einen Fehler machen kann, ohne gleich …,

… ich mich persönlich weiterentwickeln kann,

… ich mich mit dem Produkt oder der Leistung identifizieren kann,

… ich ernst genommen werde,

… ich gut informiert bin und weiß, was ich zu tun habe,

… ich mich auf meine Kollegen verlassen kann,

… mein Chef hinter mir steht.

An diesen Antworten kann man gut erkennen, was für die Mitarbeiter innere Motivation wirklich bedeutet.

2.4.1 Demotivation vermeiden

Motivieren heißt auch Demotivation vermeiden. Ein Coach wird auf demotivierendes Verhalten verzichten. Im Grunde sind es immer die gleichen Muster:

- Der Chef weiß und kann immer alles (besser).
- Der Chef trifft einsame Entscheidungen.
- Der Chef spricht über Mitarbeiter, aber nicht mit ihnen.
- Kritik ist überzogen, unsachlich, persönlich und wird oft auch vor anderen geübt.
- Dominanzverhalten: Der Mitarbeiter kann nicht ausreden, wird ständig unterbrochen.
- Der Mitarbeiter wird übersehen, übergangen und wie Luft behandelt.
- Unzureichende, gefilterte, verspätete oder reduzierte Informationen.
- Eigene Pedanterie und Ordnungsvorstellungen gelten für alle Mitarbeiter.
- Mangelnde Glaubwürdigkeit: Zuckerbrot und Peitsche.
- Eigene Fehler werden nicht zugegeben, die Schuld immer bei anderen gesucht.

2.4.2 Entscheidungsstufen

Partnerschaftliches Führen heißt nicht, jedem das gleiche, sondern jedem das Seine geben! Daher kennen wir aus einer kooperativen Grundhaltung heraus die vier Entscheidungsstufen. Sie sind abhängig vom Reifegrad der Mitarbeiter. Dieser hängt wiederum von den Fertigkeiten und Fähigkeiten sowie von der Persönlichkeit ab.

Erste Ebene: Monolog
- Entscheidungen mitteilen.
- Anweisungen geben (evtl. wiederholen lassen).
- Häufige Kontrollen.

Zweite Ebene: Dialog
- Fragen, was die anderen davon halten.
- Informationen einholen und berücksichtigen.
- Weniger Kontrollen.

Dritte Ebene: Kooperation
- Besprechungen vor Entscheidungen.
- Gründliche Diskussion.

- Jeder kann der Entscheidung folgen.
- Verantwortlichkeiten absprechen und festlegen.
- Stichprobenkontrolle.

Vierte Ebene: Selbständigkeit
- Das Team trifft die Entscheidung.
- Entscheidungen nach Konsens.
- Die Gruppe übernimmt die Steuerungsfunktion.
- Jeder trägt Verantwortung und hat dafür Kompetenzen.
- Lediglich Ergebniskontrolle.

Es wird immer Mitarbeiter geben, die, aus irgendwelchen Gründen, nur nach der ersten Ebene geführt werden wollen. Für einen Coach sollte aber immer das Ziel sein, geeignete Mitarbeiter zumindest in die dritte Ebene zu bringen oder – wenn möglich – sogar in die vierte. Daran muß er zusammen mit seinen Mitarbeitern permanent arbeiten und sich durch nichts und niemanden von seinem Ziel abbringen lassen.

2.5 Ein Coach ändert Verhalten

Wenn ich bei jemanden ein Verhalten ändern will, muß der andere Erfolg haben. Anerkennung wird von anderen als Lob, Belohnung und Erfolg aufgefaßt. Das erhöht die Wahrscheinlichkeit, daß er/sie das gewünschte Verhalten wiederholt. Jeder Mensch freut sich über ein lobendes Wort. Anerkennung stärkt das Selbstwertgefühl, spornt an und führt zu einer offenen, guten Zusammenarbeit.

Anders verhält es sich mit Kritik; sie wird als Mißerfolg, Tadel und Bestrafung ausgelegt. Auch wenn sie noch so sachlich, konstruktiv und offen vorgebracht wird, geht sie immer an das Selbstwertgefühl des Kritisierten. Man entwickelt sich dann vielleicht so, wie man beurteilt wird (Andorra-Phänomen).

Daraus folgt, die richtige Handhabung von Anerkennung und Kritik ist von entscheidender Bedeutung für die Leistungsbereitschaft, die Zusammenarbeit und damit für das gesamte Betriebsklima. Sie glauben gar nicht, wieviel Lob und Anerkennung ein Mensch vertragen kann. Umgekehrt ist es mit Kritik und Tadel. Als Faustregel sollte daher gelten: Immer doppelt soviel Anerkennung, als wir glauben, daß notwendig ist und nur halb soviel Kritik, als wir glauben, daß unvermeidbar ist.

2.5.1 Vorgehen bei Anerkennung

Wir wissen, daß unbefriedigte Bedürfnisse zu Frust und Enttäuschung führen. Das eigene Selbstbild ist gefährdet – nicht immer kann dies konstruktiv verarbeitet werden. Bei fehlender Anerkennung ist es nicht anders. Jeder Mensch braucht Anerkennung, schon allein, damit er nicht an seinem Selbstbild zweifelt und verunsichert wird. Anerkennung fördert das Selbstwertgefühl!

Deshalb:
- Sofort und ausdrücklich anerkennen.
- Die Anerkennung muß konkret und angemessen sein.
- Neben der Leistung kann auch die Person gewürdigt werden.
- Damit man öfter anerkennen kann, sollten nicht nur herausragende und bedeutsame Leistungen „belohnt" werden.
- Sagen Sie, daß Sie sich freuen und wie wichtig die Leistung für die Abteilung bzw. Firma war. Sie können das durch eine nonverbale Geste noch verstärken (z.B. Hände schütteln oder anerkennend auf die Schulter klopfen).
- Gelegentlich vor den anderen anerkennen.

Eine gute Leistung wird erst dann als Erfolg erlebt, wenn sie auch anerkannt wird. Ein Coach darf nie die Einstellung, „eine gute Leistung gehört doch zu seinem/ihrem Job; wenn ich nichts sage bin ich zufrieden", haben. Er könnte sonst auf ein wichtiges Führungsmittel verzichten. Schweigen bedeutet eben nicht Zustimmung! Überlegen Sie genau, wann Sie zustimmen und erkennen Sie die Leistung der Mitarbeiter an.

2.5.2 Von Kritik- zu Entwicklungsgesprächen

Kritik geht immer an den Selbstwert des Kritisierten. Deshalb sollte man vorher prüfen, ob Kritik überhaupt angebracht ist. 70 bis 80 % aller Kritik ist überflüssig! Sie hebt nur das Überlegenheitsgefühl des Kritisierenden. Wenn man zu dem Entschluß gekommen ist, daß Kritik unbedingt nötig ist, sollte man sehr sensibel vorgehen. Nehmen Sie eine beratende Rolle ein, geben Sie keine Ratschläge, machen Sie keine Vorwürfe oder persönliche Schuldzuweisungen, sondern kritisieren Sie nur die Sache.
Einige Punkte, die ein Coach besonders beachten sollte:

1. Üben Sie sachbezogene Kritik aus und kritisieren Sie nicht die Person.
   Beispiel: Ein Mitarbeiter macht bei einer bestimmten Sache immer wieder Fehler.
   Personenbezogene Kritik könnte z.b. sein: „Sie kapieren das einfach nicht."
   Sachbezogene Kritik könnte so aussehen: „Die Aufgaben werden jetzt immer schwieriger; ich werde Ihnen diesen besonders heiklen Arbeitsgang noch einmal genau erklären und zeigen."

2. Üben Sie Kritik nur unter vier Augen.
   Kritik vor anderen verletzt das Statusbedürfnis (Selbstwertgefühl) des betroffenen Mitarbeiters.

3. Üben Sie keine Kritik bei Abwesenheit (Urlaub, Erkrankung, Dienstreise, Seminar) aus.
   Eine solche Kritik belastet das Vertrauensverhältnis zwischen Führungskraft und Mitarbeitern. Der Vorfall wird dann von Kollegen berichtet, die für ihre Person ähnliches befürchten müssen.

4. Üben Sie angemessene Kritik, keine übertriebene Kritik aus.
   Beispiel: Ein Mitarbeiter, der öfter Fehler macht, wird mit folgenden Worten kritisiert: „Sie machen einfach immer alles falsch." Wenn es so wäre, hätte er/sie die Probezeit sicher nicht bestanden.
   Eine motivationsbezogene Kritik könnte etwa so sein: „Ist Ihnen auch schon aufgefallen, daß bei diesem Arbeitsablauf immer wieder Fehler passieren? Was meinen Sie, an was kann das denn liegen? Vielleicht sollten wir gemeinsam diesen speziellen Ablauf noch einmal durchsprechen, damit diese Fehler nicht wieder auftreten."

5. Üben Sie keine Kritik an früheren Fehlern aus.
   Beispiel: „Schon als Auszubildender haben Sie solche Fehler gemacht!"

6. Üben Sie keine stillschweigende Kritik aus.
   Nonverbale Kritik z.B. durch ablehnende Gesten, Mimik und Haltung. Die dadurch verursachte Nichtklärung der Fehler führt zu Mißverständnissen bei den Betroffenen und damit zu Demotivation. Eine unterlassene berechtigte Kritik ist ein schwerer Führungsfehler!

7. Üben Sie keine entmutigende Kritik aus
   Beispiel: „Das schaffen Sie doch nie!"

2.6 Ein Coach löst Konflikte

Ein Konflikt ist gekennzeichnet durch eine Spannungssituation, an der zwei oder mehrere Personen bzw. Parteien beteiligt sind. Konflikte innerhalb einer Organisation sind ganz normal. Nicht jede Meinungsverschiedenheit sollte aber gleich als Konflikt gewertet werden.

Die Ursachen können beispielsweise in der Aufgabenverteilung innerhalb der Gruppe, in der Entlohnung der Gruppenmitglieder, bei der Aufstellung von Schichtplänen u.a. liegen. Es gilt, Konflikte rechtzeitig zu erkennen und sie allen Beteiligten bewußt zu machen. Bei der Lösung sollte nach Thomas Gordon[4] „jeder gewinnen". Das wird nicht immer möglich sein. Ziel sollte sein, die Gruppe dazu zu befähigen, ihre Konflikte selbst zu lösen. Doch dieser Prozeß wird Zeit brauchen, so daß der Coach zunächst immer wieder als Schiedsrichter gebraucht wird. Dieses „Managen" von Konflikten gewinnt mit wachsenden Freiräumen immer mehr an Bedeutung. Hier sind einige Aspekte dazu:

Üblicherweise wird auf Konflikte mit Rückzug (Das sollen die untereinander ausmachen; das geht mich nichts an.), Harmoniestreben (Wir sitzen doch alle im gleichen Boot; Probleme werden unter den Teppich gekehrt.) und Druck (Erzwingen) reagiert. Alle Reaktionen werden manchmal nötig und angemessen sein. Doch anzustreben ist eine Position der konstruktiven Auseinandersetzung, bei der jede Seite ihre Meinungen, Sichtweisen und Standpunkte vorbringen kann.

2.6.1 Das partnerschaftliche Konfliktfeld

Kooperative Konfliktlösung heißt Integration durch Auseinandersetzung. Dabei gibt es eine Fülle von Möglichkeiten: Vom Kompromiß mit dem kleinsten gemeinsamen Nenner über immer größere Nenner bis zum Konsens, d.h. völlige Übereinstimmung. Einen Konsens wird man nur sehr selten erreichen, doch als Ziel sollten wir ihn immer vor Augen haben, so daß wir wenigstens den größten gemeinsamen Nenner schaffen.

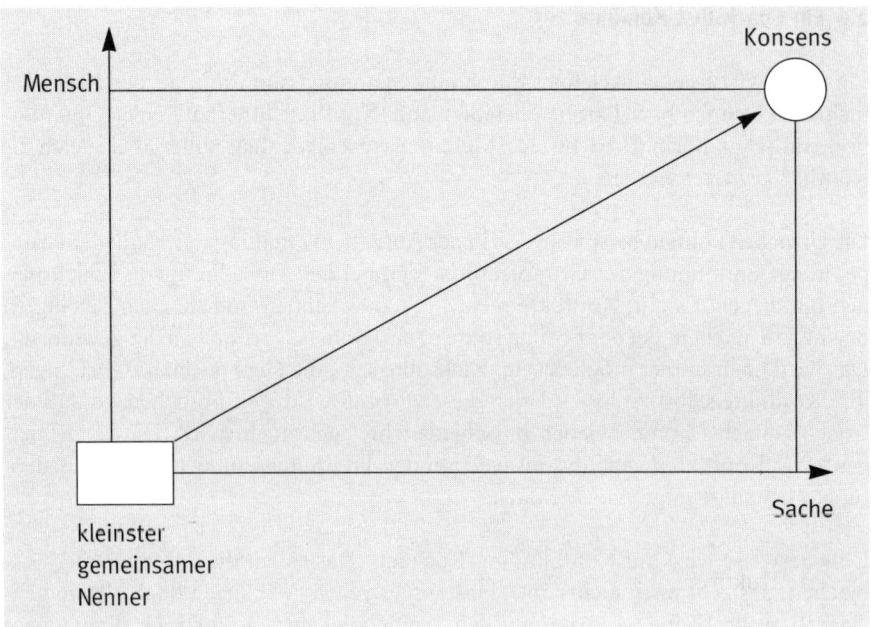

Abb. 6: Partnerschaftlicher Konfliktbereich

2.6.2 Mögliche Konflikte frühzeitig erkennen

Alles was Sie wollen, das andere über Sie denken, fühlen und in ihrem Verhalten zum Ausdruck bringen, sollten Sie ebenso vermitteln. Vielleicht zeigen Sie sich gegenüber anderen in deren Gegenwart freundlich, höflich und finden sie sympathisch. Dreht er/sie Ihnen aber den Rücken zu, gewinnt Ihre innere ablehnende Haltung wieder die Oberhand und beeinflußt Ihr Denken. Vermeiden Sie das um jeden Preis! Sie können sonst nicht verständnisbereit, offen und kooperationsfähig sein, da unser Denken das Handeln bestimmt.

Denken Sie also von Ihren Mitarbeitern immer nur Gutes und Sie werden viele menschlichen Probleme zufriedenstellend lösen können. Ablehnung zeigt sich auch im Handeln, in nonverbalen Gesten und Worten. Worte sind wie Waffen, die leicht verletzen können. Wenn Sie gegenüber Ihren Mitarbeitern einen hochmütigen oder gereizten Ton anschlagen, werden Sie sie gegen sich aufbringen. Ihre innere Einstellung strahlt auf andere aus. Die Sympathie, Antipathie oder Begeisterung überträgt sich. Die meisten Menschen haben dafür einen sechsten Sinn.

2.6.3 Umgang mit „schwierigen" Mitarbeitern

Wenn Sie gegen bestimmte Mitarbeiter aus irgendwelchen Gründen ablehnend eingestellt sind, sollten Sie sich innerlich umprogrammieren und sie in einem anderen (positiven) Licht sehen. Das ist fast immer möglich, da kein Mensch nur Schwächen hat. Denken Sie dabei auch an die beiden anderen Lebensbereiche: Privates und soziales Umfeld (siehe Kapitel 1.3, S. 25). Sie brauchen dafür ein Einfühlungsvermögen in den/die anderen. Psychologen sprechen in diesem Zusammenhang von „einfühlendem Verstehen" oder „Empathie".

Mangelnde Hilfsbereitschaft, Unfreundlichkeit, Streitsucht oder Verbitterung sind Anzeichen einer seelischen Krankheit. Sie kann vererbt sein oder auf schlechte Kindheitserlebnisse zurückgehen. Reagieren Sie auf eventuelle Angriffe mit Verständnis, Ruhe und Gelassenheit. Vergelten Sie nicht Gleiches mit Gleichem! Für jede negative Reaktion ist allein Ihre eigene Denkweise verantwortlich. Wenn Sie z.B. andere für schwierig und unselbständig halten, werden sie es auch sein!

Wollen Sie andere ändern, müssen Sie immer zuerst bei sich selbst beginnen und Ihre augenblickliche innere Einstellung bzw. Gefühlslage erkennen. Werde Deiner Gefühle in dem Moment bewußt, da sie auftreten und nutze sie! So können Sie von einem destruktiven zu einem konstruktiven Verhalten kommen.

Lassen Sie sich dann von niemandem mehr vom richtig erkannten Weg abbringen. Seien Sie auf diesem Weg nicht zu nachgiebig und geben Sie sich nicht als „Fußabstreifer" für andere her.

2.6.4 Anzustrebendes Verhalten bei Konflikten

Anzustreben ist ein gemeinsames Problemlösen, eine kreative Zusammenarbeit, um trotz Widerstände und Meinungsverschiedenheiten eine für alle Beteiligten tragbare Lösung zu finden. Es geht darum, sich von erstarrten Vorstellungen zu lösen und neue Möglichkeiten ins Auge zu fassen. In verschiedenen Situationen können durchaus unterschiedliche Reaktionen angemessen sein.

Das Eingehen auf den/die anderen geschieht durch:

- Direkte Kommunikation
  Was ist gut und soll so bleiben?
  Wo drückt der Schuh am meisten (fachlich, persönlich)?

- Einfühlungsvermögen in den/die anderen
  „Mich interessiert Dein Problem".
  „Ich kann verstehen, daß Du dich so verhältst".
  Ich-Botschaften senden

- „Nein" sagen können, ohne zu verletzen, ohne zu demotivieren.
  Du interessierst mich weiter als Person, auch wenn wir in diesem Punkt anderer Meinung sind.

- Toleranzbreite für andere Meinungen entwickeln.

- Einen Konsens (Übereinstimmung) oder den größten gemeinsamen Nenner suchen und finden. Schlichten – nicht richten!

Sehen Sie Konflikte als Chance, um in Ihrer Persönlichkeit zu wachsen und zu reifen!

2.6.5 Das Konfliktlösungsgespräch

Bei diesem anspruchsvollen Versuch der Konfliktlösung muß bedacht werden, daß kein Gespräch die vollständige Lösung von Konflikten garantieren kann. Die Gespräche verlangen sehr viel Zeit und Geduld. Die Suche nach einer Konfliktlösung ist häufig sehr mühsam. Der Gesprächsleiter muß zuhören können und darf nicht gleich ein Urteil fällen, sondern sollte zwischen den Parteien vermitteln. Um dies zu erreichen ist es meist besser, die Konfliktlösung auf mehrere Gespräche zu verteilen. Es kann angebracht sein, zunächst Einzelgespräche mit den Beteiligten zu führen, um die Problemsicht genauer kennenzulernen. Auf dieser Basis können dann die gemeinsamen Gespräche geplant werden. Vor dem Gespräch sind mit den Parteien Regeln festzulegen. Die folgenden Fragen sind dabei hilfreich: Wer? Was? Wie lange? Wie?

Beispiel: Ihre Mitarbeiter K und G müssen eng zusammenarbeiten. K schätzt Ordnung und klare Regelungen, G improvisiert gern und handelt spontan. In der Abstimmung der Arbeit kommt es daher immer wieder zu Problemen und Streitereien. Heute kam es wieder einmal zu einem lautstarken Krach zwischen den beiden.

Gesprächsleiter: „Wir wollen uns in diesem Gespräch über das Abstimmungsproblem zwischen Ihnen (Wer?) unterhalten und welche einzelnen Probleme dabei auftreten (Was?). Ich denke eine Stunde wird für diese Aufgabe genügen (Wie lange?). Jeder sollte seine Sichtweise darstellen. Ich sorge dafür, daß keiner unterbrochen wird. Fangen wir mit Ihnen an, Herr K. Danach sind Sie an der Reihe, Herr G (Wie?)."

Mit diesen Regeln kann der Gesprächsleiter das Gespräch steuern und aggressive Einwürfe mit dem Verweis auf die Regeln unterbinden. Die Ergebnisse sind festzuhalten; dazu genügt ein kurzer Verweis im Gespräch: „Ich möchte festhalten, Sie Herr K brauchen klar strukturierte Anweisungen über jeden einzelnen Vorgang (Blickkontakt zu K). Sie Herr G suchen jeweils nach flexiblen Lösungen, die auf den Einzelfall zugeschnitten sind (Blickkontakt zu G)." Der Gesprächsleiter muß die Kontrahenten immer wieder in das Gespräch einbeziehen. Dazu dienen in erster Linie offene Fragen: „Welche Erwartungen haben Sie konkret an Herrn K?" (Blickkontakt zu G). „Was Herr G nach Ihrer Meinung nicht machen soll, ist deutlich geworden. Können Sie konkrete Möglichkeiten aufzeigen, was er machen soll?" (Blickkontakt mit K). Unsachliche Einwürfe sollten Sie unterbinden und die Fragen so lange wiederholen, bis es zu einer konstruktiven Antwort kommt.

Kommt es im Verlauf der Gespräche zu einer Lösung, sollte diese in Form einer Vereinbarung festgehalten werden. Dann hat der Gesprächsleiter sehr viel erreicht. Ziel ist nicht, daß sich die Kontrahenten um den Hals fallen. Sie sollten erleben, daß sie zur Kooperation fähig sind. Auf dieser Basis können dann auch weitere Schritte unternommen werden.

2.6.6 Bei Konflikten Emotionen kontrolliert einsetzen

Die emotionalen Störfaktoren beeinflussen die Arbeitsergebnisse einer Mitarbeitergruppe erheblich mehr als die fachlichen. Deshalb darf die Sacharbeit nicht alleiniger Ansatzpunkt sein; vielmehr ist der Schwerpunkt in der Beziehungsarbeit anzusetzen, da sie Motor für mehr Effektivität und Leistung ist. Was Emotion ist, darüber streiten sich Psychologen und Philosophen schon seit Jahrhunderten. Es sind ganz einfach spezielle Gefühle und damit verbundene Gedanken. Diese Gedanken rufen einen dazu passenden Gemütszustand (niedergeschlagen, melancholisch, fröhlich oder erregt) hervor. Zeigen Sie, vor allem bei Konflikten, Ihren Ärger, Ihre Trauer, aber auch Ihre Freude. Sie zeigen so den Konfliktparteien, wie sehr Sie innerlich beteiligt sind und wie sehr Sie eine einvernehmliche Lösung anstreben.

Kern-Emotionen
Es gibt Hunderte von Gefühlen in vielen Variationen und Nuancen. Im Grunde genommen kann man sie auf wenige Haupt-Emotionen zurückführen. Alle Mischungen gehen auf diese „Grundfarben" zurück. Diese sogenannten Kern-Emotionen werden übrigens von allen Kulturen und Völkern unserer Erde als „richtig" erkannt.

Ärger
Zorn, Aggressionen, Entrüstung, Verärgerung, Feindseligkeit. Im Extremfall vielleicht Haß und Gewalt.

Trauer
Leid, Kummer, Trübsal, Niedergeschlagenheit, Verzweiflung. Falls pathologisch, schwere Depressionen.

Angst
Furcht, Schrecken, Besorgnis, Zaghaftigkeit, Bedenklichkeit, Entsetzen, Grauen. Es kann bis zur Panik führen.

Freude
Glück, Zufriedenheit, Vergnügen, Fröhlichkeit, Entzücken, Befriedigung, Behagen, Euphorie, Ekstase.

Liebe
Akzeptanz, Freundlichkeit, Vertrauen, Güte, Hingabe, Anbetung, Vernarrtheit, Versöhnlichkeit.

2.6.7 Übung zur Wahrnehmung

Eine gute Hilfe bei der Konfliktlösung könnte auch die Übung zur Wahrnehmung sein.

Ziel: Die anderen so entdecken, wie sie wirklich sind.
Dauer: ca.15 Minuten.

Vereinbaren Sie mit den am Konflikt beteiligten Personen einen Gesprächstermin für Einzelgespräche. Lassen Sie jeden/jede dann von seiner/ihrer Sichtweise des aktuellen Problems berichten. Machen Sie sich dabei über folgende Punkte Gedanken:

Ich sehe ...
Ich nehme wahr ...
Ich vermute ...

Dann berichten Sie und der/die andere hört zu.
Nachfragen nur bei Nichtverstehen erlaubt!
Tauschen Sie dann gegenseitig Ihre Erfahrungen aus. Wenn Sie wollen, können Sie später vor allen Beteiligten darüber berichten. Sie werden feststellen, daß Sie die anderen als Personen und ihre Ansichten zum ersten Mal richtig wahrgenommen haben. Evtl. sehen Sie ihn/sie jetzt in einem ganz anderen Licht als vorher. Das könnte auch ein hilfreicher Beitrag zur Konfliktlösung sein!

2.7 Ein Coach kann mit Problempersonen umgehen

Der Umgang mit Problempersonen stellt an den Coach die folgenden Anforderungen:

1. Problempersonen sollten Sie anerkennen, akzeptieren und damit ernst nehmen.

- Erkennen Sie Offenheit an: „Ich finde es gut, daß Sie mir das so offen sagen".

- Akzeptieren Sie, daß der andere recht hat (falls es so ist): „Sie haben recht".

- Sie sollten die Person ernst nehmen, indirekt recht geben (wenn der andere möglicherweise im Unrecht ist): „Ich kann Ihre Sichtweise verstehen", „so kann man die Sache auch sehen".

2. Im Umgang mit Problempersonen sollten Sie offen sein.

- Sie sollten zusätzliche Informationen geben bzw. holen: „Wie kommen Sie zu dieser Einschätzung?", „Ein wichtiger Aspekt wäre noch ..."

- Sie sollten eigene Gefühle und Empfindungen einbringen: „Das überrascht mich ...", „Ich befürchte, daß das bei Ihnen schlecht angekommen ist".

2.8 Ein Coach motiviert sich immer wieder selbst

Die vier fundamentalen Bedürfnisse für einen psychisch gesunden Menschen sind:

1. das Bedürfnis nach Leistung,
2. das Bedürfnis nach Entspannung,
3. das Bedürfnis nach Kontakten,
4. das Bedürfnis nach Sinn.

In Harmonie mit sich selbst ist der Mensch dann, wenn er diese Bedürfnisse ausgeglichen und gleichmäßig erfüllen kann. In unserer Leistungsgesellschaft ist aber das Gegenteil der Fall: Hier dominiert einseitig die Leistung; etwa 80 % unserer Energie und Interessen konzentrieren wir darauf. Der Rest von etwa 20 % verteilt sich auf die drei anderen Bedürfnisse, d.h. sie werden auffällig und stark unterdrückt.

Wer aber ungehemmt nur dem Leistungsbedürfnis „nachjagt" und Dinge haben will, die nur seinem Ego dienen, wird von der Leistungsgesellschaft unter Druck gesetzt. Er setzt sich damit selbst und schließlich auch andere unter Druck. Denn wie kann jemand auf die individuellen Bedürfnisse anderer Rücksicht nehmen, wenn er nicht einmal seine eigenen Gefühle respektiert?

Und noch etwas macht die Unterdrückung unserer Lebensbedürfnisse so problematisch: Die Jagd nach Leistung, also nach Geld, Anerkennung, Karriere oder Macht führt zu einer immer größeren Fremdbestimmung, da diese „Ziele" von außen, von anderen vorgegeben werden. Sie fördern damit mehr den Egoismus als die Entfaltung unserer Persönlichkeit. Durch das dauernde „Hinterherhecheln" nach allem Möglichen, kommt eine innere Leere auf und man hat schließlich das Gefühl am Leben vorbeizugehen. Aber daß diese Rechnung nicht aufgeht, wußte schon Seneca[5]: „Dum differtur, vita transcurrit" – während wir es aufschieben, verrinnt das Leben.

2.8.1 Schritte zur Selbstmotivation

1. Bewerten Sie die augenblickliche Befriedigung Ihrer persönlichen Grundbedürfnisse, z.B. in groben Prozentzahlen.

2. Wo liegen Ihre Defizite? Planen Sie von vornherein für deren Befriedigung bestimmte Zeiten ein.

3. Lernen Sie, sich selbst Anerkennung zu geben; das scheint nicht selbstverständlich zu sein, ist aber sehr wichtig. Hier einige konkrete Beispiele dafür:
   • Sich am Geschafften freuen, das gute Gefühl regelrecht genießen.
   • Pausen und Entspannung (Relaxen) einplanen und durchführen.
   • Auch den sozialen Faktor bedenken: Wen kann ich an meinem Erfolg teilhaben lassen und wem kann ich mich mitteilen?
   • Welchen langgehegten Wunsch könnte ich mir als Belohnung erfüllen? (z.B. Theater, Kino, CD, Video, Blumen, Krawatte, Spezialrestaurant …)
   • Belohnen Sie sich durch körperliche Bewegung (Sport), geistige Herausforderungen (Buch) und freuen Sie sich auch an den „kleinen" Dingen des Lebens.

4. Handeln Sie auch ab und zu spontan. Angefangen beim schnell entschlossenen Kurzurlaub oder einem überraschenden Opernbesuch. Diese Spontaneität und Freude am Leben erhalten uns vital und lebendig.

2.8.2 Spaßmacher

Ziehen Sie einmal Bilanz für die vergangene Woche. Sie hatte 168 Stunden. Was haben Sie in diesen Tagen erlebt bzw. getan? Sie haben wahrscheinlich geschlafen, gearbeitet usw. An was können Sie sich zudem erinnern? Haben Sie Dinge getan, bei denen Ihre persönlichen Bedürfnisse befriedigt bzw. Ihre Spaßmacher berücksichtigt wurden?
Waren Sie im Kino, Theater, Konzert?
Haben Sie Ihre Frau oder Bekannte zum Essen eingeladen?
Haben Sie Sport getrieben?
Haben Sie sich Zeit für Ihr Hobby genommen?
Waren Sie mit Freunden im Biergarten?
usw.

Wenn Ihre Spaßmacher auffällig zu kurz gekommen sind, ist Ihre persönliche Bilanz nicht ausgeglichen. Dies führt zu Unzufriedenheit, Unausgeglichenheit und Frust.

Zur Selbstmotivation noch eine kleine Geschichte:
Als Franz von Assisi einmal eine Wiese mähte, kamen seine Brüder zu ihm und fragten ihn: „ Was würdest Du tun, lieber Franz, wenn Du nur noch eine Stunde zu leben hättest?" Seelenruhig antwortete Franz von Assisi: „Weitermähen."

Diese Anekdote ist ein schönes Beispiel dafür, wie jemand mit dem was er tut und dem, was er tun möchte, in Einklang und völliger Harmonie ist. Voraussetzung dafür ist innere Ausgeglichenheit, ein gesundes Selbstbewußtsein, sowie die Fähigkeit, sich seiner Werte und Ziele ganz bewußt zu sein.

2.9 Ein Coach übt Höflichkeit und Rücksichtnahme

Zum Abschluß des zweiten Kapitels möchte ich Ihnen noch folgende Begebenheit erzählen:
Vor einigen Jahren begann ein mir bekannter Trainer sein Seminar für Führungskräfte mit der Frage: „Wie viele Mitarbeiter haben Sie?" Er ließ die Antworten auf die ausgelegten Kärtchen schreiben und sammelte sie dann ein. Schon beim Sortieren der Karten gab er lächelnd bekannt: „Ihre Zahlen schwanken zwischen 5 und 5000. Ich selbst habe über vier Milliarden Mitarbeiter. Denn bisher hat mir niemand, den ich höflich und freundlich um eine Auskunft oder Hilfe gebeten habe, diese ausgeschlagen."

Die Teilnehmer waren verblüfft. Haben Sie auch Ihre Lehre daraus gezogen?

3 Wie der Coach Dialogfähigkeit entwickelt

3.1 Sach- und Beziehungsebene

Kommunikation – verbale Gespräche und nonverbale körpersprachliche Äußerungen – spielt sich immer auf zwei Ebenen ab:
Bei der Sachebene geht es um den Kopf mit rationalen, logischen Inhalten; bei der Beziehungsebene geht es um den Bauch mit Gefühlen, Sympathie, Antipathie, fairen/unfairen Umgang, offenes/verschlossenes Verhalten u.a. Die Kräfte der Beziehungsebene haben eine 8 bis 16fach größere Wirkung als die der Inhaltsebene.

Es hängt also vom Verhalten auf der Beziehungsebene ab, ob man seinen Mitarbeitern Vertrauen und Glaubwürdigkeit vermitteln kann. Nicht nur „was" man sagt ist wichtig, sondern vielmehr das „Wie" (Tonfall, Mimik, Gestik). Wenn die „Chemie" zwischen Menschen nicht stimmt, ist kein sachliches Gespräch möglich. Die wahren Motive für Provokation, Zusagen, Ablehnung u.a. liegen meist im Verborgenen.
Gespräche zu führen bedeutet, nicht nur über die Sache zu sprechen, sondern mit den Menschen zu reden. Das geht mit einfachen Dingen, wie den Namen auszusprechen, erkennbar zuzuhören, ausreden lassen, das Gehörte mit einfachen Worten nochmals zusammenzufassen und die Erwartungen/Vorstellungen der Gesprächspartner mit guten Fragen (siehe Kapitel 3.6.3) herauszufinden.

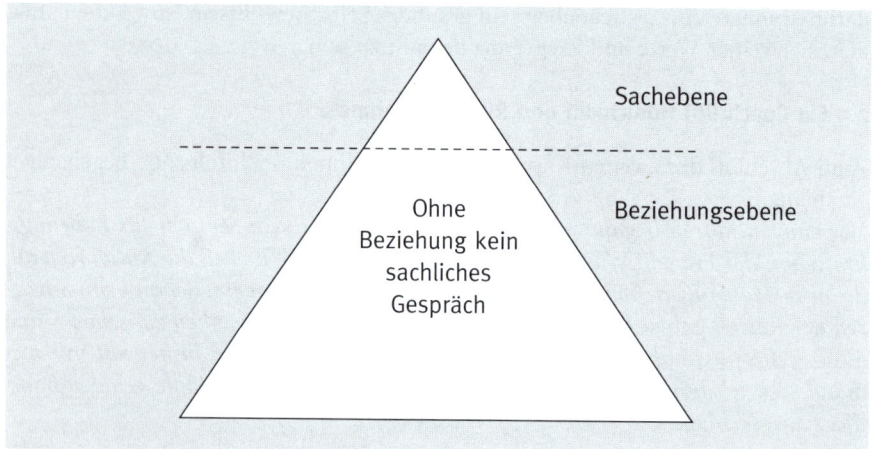

Abb. 7: Eisberg-Modell der Kommunikation

3.2 Das Struktogramm der Persönlichkeit

Ein einfaches, gutes und verständliches Modell der Kommunikation ist die sog. Transaktionsanalyse. Sie geht zurück auf das Struktogramm der Persönlichkeit des großen Psychoanalytikers Sigmund Freud[6] und wurde von den Amerikanern Thomas O. Harris und Eric Berne für die Praxis aufbereitet. Danach hat jeder von uns – unterschiedlich ausgeprägt – drei Ich-Zustände:[7]

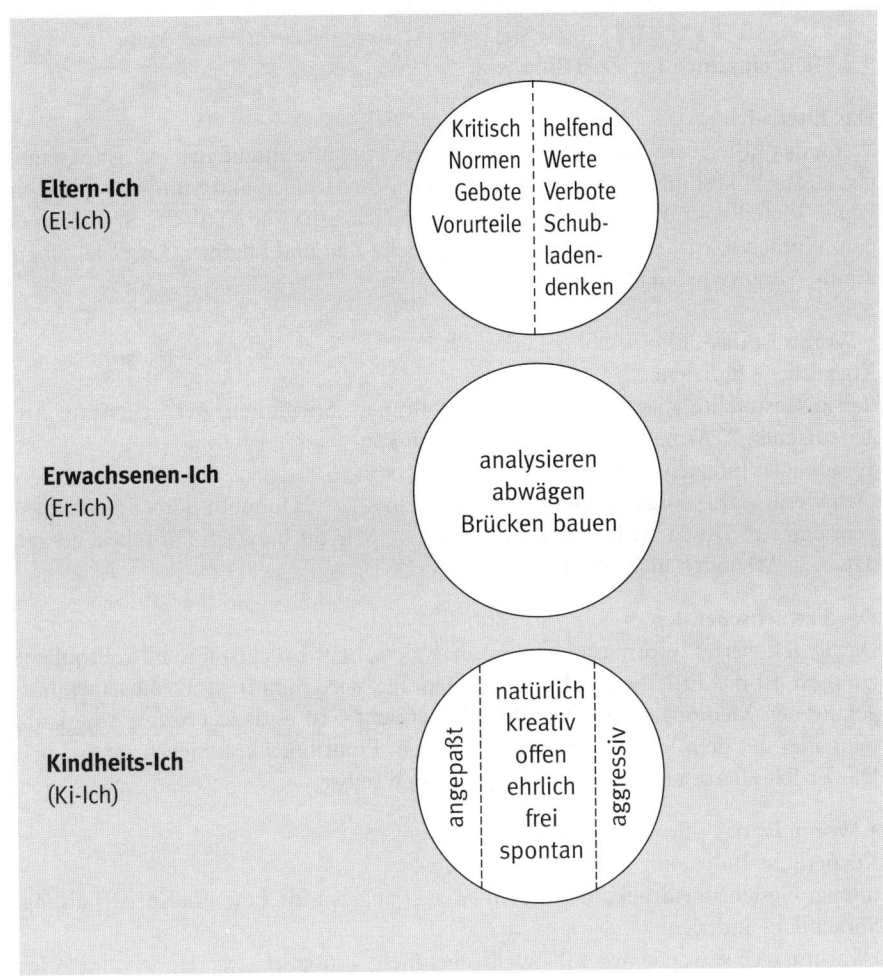

Abb. 8: Ich-Zustände der Persönlichkeit

Jeder von uns hat diese Ich-Zustände, unterschiedlich ausgeprägt, in sich: Das Eltern-Ich mit unseren Ge- und Verboten, unseren Normen und Werten wird im Kindheitsalter (bis ca. fünf Jahre) ungeprüft übernommen. Auch die Gefühle, die im Kindheits-Ich verborgen sind, werden schon im Kindheitsalter festgelegt. Erst das Erwachsenen-Ich kann später analysieren und differenzieren. Die einzelnen Ich-Zustände sollen in der Person ausgeglichen vertreten sein. Jeder Ich-Zustand hat eine lebenswichtige Bedeutung. Fehlt ein Ich-Zustand oder ist er nur ganz schwach vertreten, kommt es zu menschlichen Defiziten. Das Mischungsverhältnis ist entscheidend!

3.2.1 Die einzelnen Ich-Zustände

Das Eltern-Ich

Wenn das El-Ich schwach ausgeprägt ist, fehlt eine moralische Instanz; ist es dagegen zu stark, läßt man sich zu sehr von seinen Vor-Urteilen und Schubladendenken leiten. Viele Reaktionen des El-Ich vollziehen sich ganz automatisch, „weil man es ganz einfach so tut". Dies erspart uns erhebliche Zeit und Energie. Das El-Ich übernimmt Verantwortung für andere.

• Woran ist das „Eltern-Ich" zu erkennen?
Körperliche Indizien:
der ausgestreckte Ziegefinger, gerunzelte Brauen, Stirnfalten, der „entsetzte Augenaufschlag", Arme vor der Brust verschränken.
Sprachliche Indizien:
„Ich werde dafür sorgen, daß das ein für allemal ..." „Du mußt immer daran denken, daß ..." Du darfst nie vergessen, daß ..." Wie oft habe ich Dir schon gesagt, daß ..." „Wenn ich nicht wäre ..."

Das Erwachsenen-Ich

Das Er-Ich wertet Informationen aus, analysiert, baut Brücken und hilft, Probleme zu lösen. Ist das Er-Ich nur schwach ausgeprägt, wird man zu sehr von seinen festgefahrenen Meinungen oder Gefühlen beherrscht – ist es dagegen zu groß, glaubt man alles mit dem Verstand regeln zu können. Emotionen kommen dann zu kurz. Das Er-Ich übernimmt Verantwortung für sich selbst.

• Woran ist das „Erwachsenen-Ich" zu erkennen?
Körperliche Indizien:
offener Gesichtsausdruck, direkt dem Partner zugewandt, bewegte Körperhaltung.
Sprachliche Indizien:
„Warum, wer, was, wie, wo ..." „wahrscheinlich" „möglich ..." „Unbekannt" „Ich meine ..." „Ich finde ..."

Das Kindheits-Ich
Im Ki-Ich wohnen Intuition, Kreativität sowie spontane Antriebskraft und Freude. Ist das Ki-Ich zu klein, kann man zum seelischen Krüppel werden, ist es zu sehr ausgeprägt, reagiert man zu spontan und zu gefühlsbetont. Das Ki-Ich schiebt Verantwortung auf andere ab.

• Woran ist das „Kind-Ich" zu erkennen?
Körperliche Indizien:
Tränen, Schmollen, Wutanfälle, hohe, weinerliche Stimme, niedergeschlagene Augen, Kichern und Glucksen.
Sprachliche Indizien:
„Ich will ..." „Ich möchte ..., (häufig mit folgendem „aber")" „Mir doch egal!"
„Ich denke mir, ..." „Weiß ich doch nicht !"

Alle drei Persönlichkeitszustände haben einen hohen Stellenwert für unser Leben. Wenn aber ein Ich-Zustand das gesunde Gleichgewicht stört, sollte man diesen Zustand analysieren und, falls nötig, selbst daran arbeiten und etwas ändern.

3.2.2 Test: Welcher Ich-Zustand trifft zu?

Bestimmen Sie bitte den Ich-Zustand (El, Er oder Ki) bei folgenden Redewendungen:

Ich-Zustände	El-Ich	Er-Ich	Ki-Ich
1. „Das macht man doch nicht!"	☐	☐	☐
2. „Mir doch egal!"	☐	☐	☐
3. „Alle Arbeiter sind primitiv."	☐	☐	☐
4. „Darüber habe ich mir noch keine Gedanken gemacht."	☐	☐	☐
5. „Wie oft habe ich Ihnen das schon gesagt ...!"	☐	☐	☐
6. „Ich bin ja unmöglich."	☐	☐	☐
7. „Meiner Meinung nach ..."	☐	☐	☐
8. „Immer machen Sie alles falsch!"	☐	☐	☐

Auswertung: 1. El, 2. Ki, 3. El, 4. Er, 5. El, 6. Ki, 7. Er, 8. El

3.3 Transaktionsanalyse

Zwischen den einzelnen Menschen mit ihren unterschiedlich ausgeprägten Ich-Zuständen kommt es im Gespräch zu sogenannten parallelen oder gekreuztenTransaktionen von oben nach unten oder gleicher Ebene. Kommen sie von oben aus dem El-Ich, erreiche ich beim anderen immer nur das angepaßte oder das aggressive Ki-Ich. Vom El-Ich gibt es keine Verbindung zum Er-Ich!

Beispiel: Der Meister sagt zum Mechaniker: „Herr Tüchtig räumen Sie sofort die Werkstatt auf!" Wenn Herr Tüchtig z.B. darauf antwortet: „Mach ich, bin schon unterwegs", haben wir eine parallele Transaktion von „oben" nach „unten".

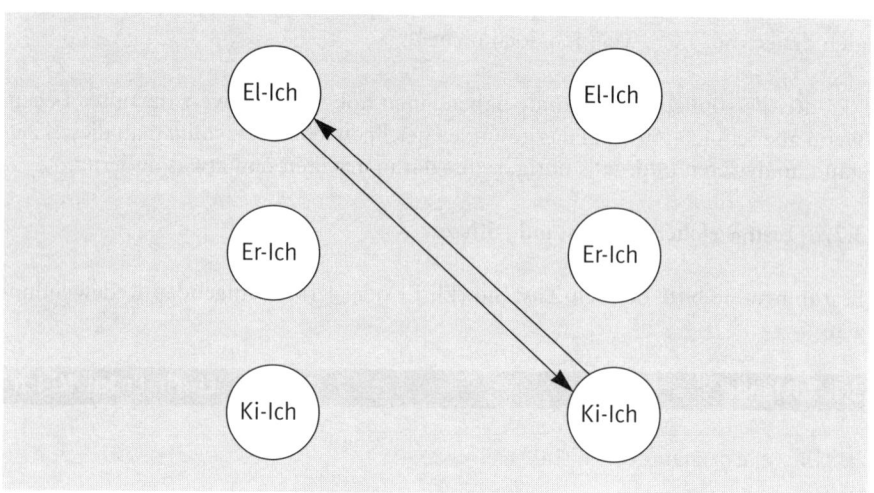

Abb. 9: Paralleltransaktion

Es kommt zu keiner Konfliktsituation. Reagiert aber Tüchtig anders und sagt: „Das geht jetzt nicht, ich habe noch dies und jenes zu tun", dann kommt es zu einer gekreuzten Transaktion, zu einer Konfliktsituation.

Daher sollte man das Gespräch gleich von vornherein auf die Er-Ebene bringen. In diesem Beispiel könnte es so aussehen.
Meister: „Herr Tüchtig, morgen um 10 Uhr holt ein guter Kunde seine Maschine ab. Die Werkstatt muß dann natürlich top sein. Es ist jetzt schon gleich Feierabend. Wollen Sie heute noch hier bleiben und aufräumen oder paßt es Ihnen besser, wenn

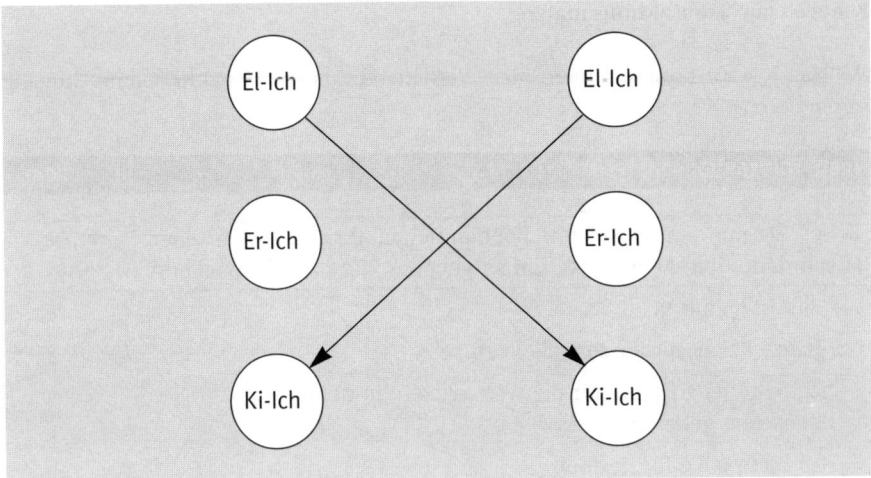

Abb. 10: Kreuztransaktion

Sie morgen etwas früher kommen." Jetzt kann Herr Tüchtig selbst entscheiden, ob er heute länger dableibt oder morgen früher kommt, um diesen Auftrag zu erledigen. Tüchtig kann eigenverantwortlich handeln. Dies ist praktizierte Selbstbestimmung, die zu Engagement führt und nicht Fremdbestimmung, die bei Meinungsverschiedenheiten meist im Frust endet.

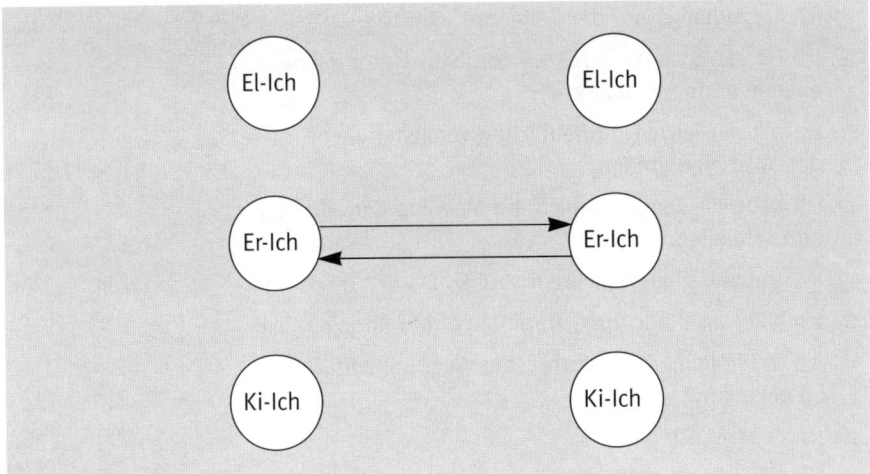

Abb. 11: Er-Ebene

Kurztest zur Transaktionsanalyse

Welcher Ich-Zustand dominiert mein Verhalten und meine Reaktionen im Umgang mit anderen?

Test: Transaktionsanalyse	ja	nein
Geben Sie nur den für Sie zutreffenden Behauptungen jeweils einen Punkt. Je spontaner Ihre Antwort ist, um so genauer fällt das Ergebnis aus.		
1. Ich bin impulsiv.	☐	☐
2. Es macht mir nichts aus, allein zu sein.	☐	☐
3. Ich halte jene Berufe für die wertvollsten, in denen Menschen geholfen wird.	☐	☐
4. Ich halte mich für flexibel.	☐	☐
5. Ich bin der Ansicht, daß man gewisse Berufstraditionen in der Familie aufrechterhalten sollte.	☐	☐
6. Es fällt mir nicht schwer, Entscheidungen zu treffen.	☐	☐
7. Meist bekomme ich von anderen das, was ich von ihnen haben möchte.	☐	☐
8. Ich erröte leicht.	☐	☐
9. Ich stehe immer auf der Seite der Schwächeren.	☐	☐
10. Ich bin der Meinung, daß Kinder ihren Eltern Respekt entgegenbringen müssen.	☐	☐
11. Es fällt mir leicht, in öffentlichen Veranstaltungen das Wort zu ergreifen.	☐	☐
12. Ich habe die Tendenz, mich der Meinung der anderen anzuschließen.	☐	☐
13. In Streßsituationen bleibe ich ruhig.	☐	☐
14. Ich halte an Brauchtum, Traditionen und Ritualen fest.	☐	☐
15. Ich wähle immer den leichtesten Weg, um zum Ziel zu gelangen.	☐	☐
16. Ich liebe Musik.	☐	☐
17. Ich bin immer voller neuer Ideen.	☐	☐

	ja	nein
18. Die Meinung anderer Leute akzeptiere ich nicht vorbehaltlos.	☐	☐
19. Es fällt mir leicht, andere Menschen zu trösten.	☐	☐
20. Ich bin der Meinung, daß meine Ausbildung noch nicht abgeschlossen ist und versuche deshalb, mich ständig weiterzubilden.	☐	☐
21. Ich kann meine Gefühle immer kontrollieren.	☐	☐
22. Ich glaube, daß Erfolg im Leben sich nur durch harte Arbeit einstellt.	☐	☐
23. Ich bin dafür, daß man Sexprobleme offen diskutiert.	☐	☐
24. Ich habe Mitleid mit Menschen, die sich in Schwierigkeiten befinden.		
25. Ich halte mich für egozentrisch.	☐	☐
26. Ich neige dazu, Unangenehmes aufzuschieben.	☐	☐
27. Ich bin der Meinung, daß die Frau zu den Kindern und ins Haus gehört.	☐	☐
28. Ich fahre gern schnell.	☐	☐
29. Es fällt mir leicht, mich zu beherrschen.	☐	☐
30. Ich bin der Meinung, daß jedermann nach einem Fehlschlag eine zweite Chance verdient.	☐	☐

Auswertung:

Um herauszufinden, wie stark Ihr Eltern-Ich ausgeprägt ist, addieren Sie bitte die Punkte, die Sie den Aussagen Nr. 3, 5, 9, 10, 14, 19, 22, 24, 27 und 30 gegeben haben. El-Ich _____ Punkte.

Die Wertung für die Ausprägung Ihres Erwachsenen-Ichs summiert sich aus den Aussagen Nr. 2, 4, 6, 11, 13, 18, 20, 21, 23 und 29. Er-Ich _____ Punkte.

Wie sehr Ihr Verhalten vom Kindheits-Ich bestimmt wird, zeigt die Summe der Punkte der restlichen Behauptungen. Nr. 1, 7, 8, 12, 15, 16, 17, 25, 26 und 28. Ki-Ich _____ Punkte.

Übersteigt eine Punktsumme die übrigen um mehr als zwei Punkte (20 %), so sind Ihre Urteile, Entscheidungen, Empfindungen, Ihr Verhalten und Ihr Umgang mit

Menschen generell aus diesem Ich-Zustand dominiert. Das bedeutet aber nicht, daß die beiden anderen Ich-Zustände ohne Einfluß sind. Alle drei zusammen bestimmen – je nach Situation – Ihr tägliches Verhalten. Wenn ein Ich-Zustand extrem schwach ausgeprägt ist, oder ganz fehlt, sollten Sie einmal darüber nachdenken, sich damit auseinandersetzen um mögliche Defizite herauzufinden und dann bewußt daran zu arbeiten.

3.4 Selbsterkennung

Gute, weiterführende Gespräche kann man also nur partnerschaftlich auf der Er-Ebene und zwar aus einer Haltung heraus führen, in der ich mit meinem Gegenüber zufrieden bin. Aber in welchem Zustand ich mich gerade befinde, hängt von vielen Faktoren ab. Das muß ich selbst erkennen. Sie kennen vielleicht die Geschichte von dem Samurai-Krieger:

„Ein japanischer Samurai-Krieger besuchte einmal einen Zen-Priester und wollte von ihm den Unterschied zwischen Himmel und Hölle wissen. Der alte, gebrechliche Priester meinte, daß man mit einem solchen ungebildeten Menschen doch nicht über philosophische und religiöse Fragen reden könne. Der Samurai war in seiner Ehre getroffen, zog rasend vor Wut sein Schwert und rannte auf den Priester los. „Das ist", sagte der Priester, „die Hölle." Da beruhigte sich der Krieger wieder, trat zurück, verbeugte sich, dankte für diese weise Erkenntnis und steckte sein Schwert in die Scheide. „Siehst Du, das ist jetzt der Himmel", meinte der Priester abschließend."

Der entscheidende Unterschied ist, ob man den eigenen Erregungszustand – wie der Samurai – erkennt und seine Gefühle kontrolliert einsetzen kann oder von ihnen fortgerissen wird. Bin ich gerade der „homo sapiens", der aus dem Verstand handelt, oder der „hormo sapiens", der aggressiv und zornig gefühlsmäßig handelt?

Am Arbeitsplatz gibt es vielerlei Formen von Aggressivität, die für den/die anderen im wahrsten Sinne des Wortes zur „Hölle" werden können:

• Verbreitung von Angst und Schrecken.
• Verschiedene Formen der Abwertung.
• Andere nicht ernst nehmen.
• Sich rücksichtslos durchsetzen.
• Verfälschen von Tatsachen.

- Fortwährendes Geschimpfe und Genörgle.
- Schuld immer bei anderen suchen.
- Kurz „angebunden" sein.
- Schlechte Laune an anderen auslassen.

3.5 Fehler in der Kommunikation

Ohne Fehler wäre man zwar vollkommen, aber kein Mensch mehr.

Ein Coach wird diesen Ausspruch beherzigen und beim Führen die bisherige Einstellung, daß Fehler vermeidbar seien und daher nicht gemacht werden dürften, revidieren. Diese Ansicht hat dazu geführt, daß Fehler vertuscht werden, nach Rechtfertigungen und Sündenböcken gesucht wird. Die „neue" Einstellung muß sein, daß wir aus unseren Fehlern lernen und nach Lösungen suchen, statt nach Fehlern. Leider gehen wir bei Fehlern immer zuerst auf die Person los und treffen sie in ihrem Selbstwertgefühl mit Formulierungen wie, „Du hast Schuld, daß ...", „Das ist soundso verkehrt gelaufen ...", „Nicht einmal das können Sie ordentlich ...", „Immer machen Sie alles falsch ..."
Besser wäre es, andere Sichtweisen und Erfahrungen zu akzeptieren. Das ist aber deshalb so schwierig, weil es nach P. Watzlawick[8] drei Wirklichkeiten gibt:

1. Das spezifische Gewicht von Gold ist auf Hundertstel Gramm 19,32 g/ccm. Darüber gibt es nicht viel zu diskutieren – das liegt fest.

2. Wenn wir aber über Gold als Wertanlage diskutieren, wird es ganz verschiedene Meinungen geben. Der eine meint, das wäre der große Geheimtip, ein anderer wird denken, das sei ein alter Hut und völlig überholt. Jeder hat von seiner Warte aus irgendwie recht.

3. Bei der Wirklichkeit dritter Ordnung machen wir uns etwas vor, was mit der Realität nichts mehr zu tun hat. Wir steigern uns in etwas hinein.
   Ein gutes Beispiel dafür ist immer wieder die eindrucksvolle Geschichte mit dem Hammer von Paul Watzlawick[9]:

„Ein Mann will ein Bild aufhängen. Den Nagel hat er, nicht aber den Hammer. Der Nachbar hat einen. Also beschließt unser Mann hinüberzugehen und ihn auszuborgen. Doch da kommt ihm ein Zweifel: Was, wenn der Nachbar mir den Hammer nicht leihen will? Gestern schon grüßte er mich nur so flüchtig. Vielleicht war

er in Eile. Aber vielleicht war die Eile nur vorgetäuscht, und er hat etwas gegen mich. Und was? Ich habe ihm nichts getan; der bildet sich da etwas ein. Wenn jemand von mir ein Werkzeug borgen wollte, ich gäbe es ihm sofort. Und warum er nicht? Wie kann man einem Mitmenschen einen so einfachen Gefallen abschlagen? Leute wie dieser Kerl vergiften einem das Leben. Und dann bildet er sich noch ein, ich sei auf ihn angewiesen – bloß weil er einen Hammer hat. Jetzt reichts mir wirklich.

Und so stürmt er hinüber, läutet, der Nachbar öffnet, doch bevor dieser „Guten Tag" sagen kann, schreit ihn unser Mann an: „Behalten Sie Ihren Hammer, Sie Rüpel!"

3.6 Aufbau von Gesprächen

Gespräche kann man auf verschiedene Weise aufbauen bzw. führen.
- Es gibt die technische Seite des Gesprächs, bei der man wissensorientiert fragt: „Was mache ich?"
- Zudem gibt es die Beziehungsseite, die könnenorientiert ist: „Wie mache ich es?"

Jedes Gespräch bzw. jede Kommunikation muß ein Ziel haben und zu diesem hinführen. Um dieses Ziel zu erreichen, muß ein soziales System aus Kommunikation und Handlung entstehen. Um das Thema bzw. die Struktur im Gespräch nicht zu verlieren, sollte man bei einer stark partnerzentrierten Methode die Zielorientierung beibehalten.

Das Gespräch sollte aus folgenden drei Phasen bestehen:
Phase der Gesprächseröffnung, das Gespräch selbst (Kerngespräch) und der Abschluß des Gesprächs.

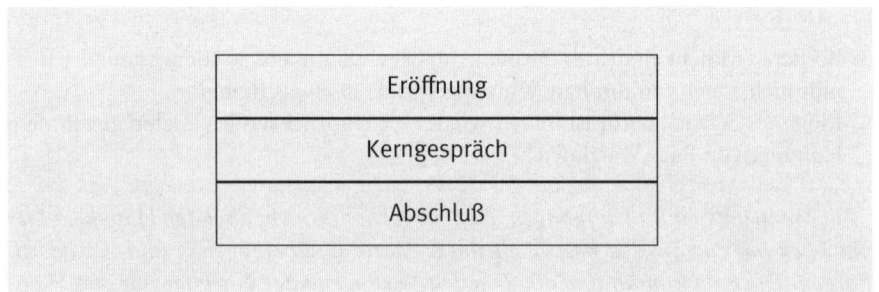

Abb. 12: Gesprächsaufbau

1. Phase (Gesprächseröffnung):
- Zuerst findet die Begrüßung statt.
- Schaffen Sie eine entspannte Atmosphäre und beginnen Sie nicht sofort mit dem Gesprächsthema.
- Stellen Sie eine Beziehung zwischen Ihnen und dem Mitarbeiter her bzw. machen Sie sich ein Bild vom ihm und der Situation.

2. Phase (Kerngespräch):
- Im Gespräch selbst sollten Sie stets zuhören, fragen und rückmelden.
- Lassen Sie die gegenseitige Argumentation zu, machen Sie dem Mitarbeiter aber keine Vorwürfe.
- Ihre Argumente sollten Sie vertiefen.
- Stellen Sie eine Überleitung zur Zielfindung her.

3. Phase (Gesprächsabschluß):
- Sichern Sie bzw. halten Sie das Ergebnis schriftlich fest.
- Im Gespräch sollten Sie niemals Ihrem Mitarbeiter Schuldzuweisungen machen.
- Verabschieden Sie sich von ihm und danken Sie ihm.

3.6.1 Zuhören können

Im Gespräch selbst sollten Sie stets gut zuhören. Alles was Ihr Mitarbeiter sagt und tut (nonverbale Kommunikation), sollten Sie „registrieren".
Konzentrieren Sie sich, damit Sie hörend, sehend, verstehend und mitfühlend das Gespräch führen und verfolgen können.
Es ist Ihre Aufgabe als Coach alles im Gespräch wahrzunehmen, so auch z.b. die Angst Ihres Mitarbeiters, die in einer Gesprächspause entstehen könnte.
Zuhören sollte nie passiv, sondern immer aktiv geschehen. Sie müßen es erlernen.

Bedeutung des Zuhörens
Zuhören ist deshalb wichtig, weil Sie durch aktives Zuhören Entspannung beim Partner auslösen und dieser somit seine Persönlichkeit besser akzeptieren kann.
Der Mitarbeiter übernimmt selbständig Verantwortung für die Problemanalyse und deren Lösung und ist offen für kreative Anregungen und Beiträge.

Praktische Hilfen für besseres Zuhören
Reden Sie nur:
- wenn Sie sich versichern möchten, alles richtig verstanden zu haben,
- wenn der andere zu Ende gesprochen hat und Ihnen zuhören kann,

- wenn Sie das Gespräch zu Ende und zum Ziel führen möchten,
- wenn Sie Aussagen verstärken möchten,
- wenn Sie den Mitarbeiter zum Weiterreden ermuntern möchten,
- wenn Sie das in Worten ausdrücken möchten, was der andere nicht kann,
- wenn der andere Sie fragt und die Antwort nicht findet.

3.6.2 Rückmeldung geben

Gut zuhören heißt gleichzeitig auch gut und treffend Rückmeldung geben können. Sie versichern dem Gesprächspartner durch Rückmeldung, wie Sie ihn verstanden haben bzw. was Sie seinen Worten und Gesten entnommen haben.

Bedeutung des Rückmeldens
Durch Rückmeldung zeigen Sie dem Mitarbeiter, daß Sie ihn richtig verstanden haben. Sie nehmen die sachlichen und emotionalen Aussagen des Gesprächspartners wahr, umschreiben Sie und wiederholen dies bzw. teilen dies dem Gesprächspartner mit anderen Worten mit. Der Mitarbeiter verfolgt dann und hört, ob das was er Ihnen sagen wollte, auch tatsächlich so angekommen ist. Falls nicht, kann und muß er Sie korrigieren.

Praktische Hilfen für besseres Rückmelden
- Konzentrieren Sie sich voll und ganz auf Ihren Partner und versuchen Sie seinen Standpunkt zu verstehen.
- Lassen Sie Ihren Partner über sich selbst reden und begeistern Sie ihn.
- Nehmen Sie Augenkontakt mit ihm auf, während er spricht.
- Teilen Sie ihm Wahrnehmungen, Vermutungen und Gefühle mit bzw. zeigen Sie ihm Mitgefühl.
- Beziehen Sie sich auf ein ganz konkretes Verhalten in einer bestimmten Situation.
- Stellen Sie des öfteren Zwischenfragen in einem freundlichen Ton.
- Sagen Sie was Sie denken, fühlen, sehen und hören.
- Ein „Aha" oder „Hm" sollten Sie ab und zu einstreuen.
- Geben Sie ab und zu Rückmeldung
- Sorgen Sie dafür, daß der andere zuhören kann.

Meta-Kommunikation
Die Meta-Kommunikation ist eine „Kommunikation über die Kommunikation", wobei man den Einstieg hier über die Beziehungsebene sucht. Wenn man mit Rückmeldung nicht weiterkommt, können die Gesprächspartner über größere Gesprächsabschnitte diskutieren und klären, wie bestimmte Äußerungen bei ihnen in-

nerlich ankommen. Den Einstieg findet man hier über die sogenannte „BAZI-Methode":

B eziehung (Beschreiben der Situation) : „Ich finde, daß ..."
A usdruck (die wirkliche Gefühlslage klären): „Ich bin ..."
Z iel (Klären der Sachlage): „Ich möchte ..."
I nformation (konkrete Schritte zur Verbesserung vorschlagen): „Es folgen vereinbarte Maßnahmen ..."

Beachten Sie dabei, daß Rückmelden sehr wichtig ist und daß gemeint noch nicht gesagt ist:

> gesagt ist noch nicht gehört,
> gehört ist noch nicht verstanden,
> verstanden ist noch nicht einverstanden,
> einverstanden ist noch nicht getan,
> getan ist noch nicht beibehalten.

3.6.3 Richtig fragen

Mit Fragen kommen Sie immer weiter. Nicht wer fragt, sondern wer etwas behauptet, hat die Beweislast. Bei Behauptungen stehen Sie also im Obligo und müssen es beweisen. Stellen Sie deshalb mehr Fragen. Sie reden dann auch weniger. Fragen sollen weiterführen und Denkanstöße vermitteln. Im Grunde genommen kennen wir zwei Arten von Fragen: Die geschlossenen und die offenen Fragen.

• Geschlossene Fragen
Diese können nur mit „ja" oder „nein" beantwortet werden.

Beispiel: „Haben Sie die Vorschrift ‚sowieso' beachtet?" Ihr Gegenüber wird entweder mit „ja" oder „nein" antworten. Antwortet er/sie mit „ja", wissen Sie immer noch nicht ob er/sie tatsächlich die entsprechende Vorgehensweise beachtet hat. Die Frage führt also nicht weiter.

• Offene Fragen
Bei den offenen Fragen fragen Sie z.B. „Wie sind Sie dabei vorgegangen?" Ihr Gegenüber wird dann mit seinen eigenen Worten erklären, was und wie er/sie es gemacht hat. Jetzt können Sie indirekt herausfinden, ob die Vorschrift „sowieso" beachtet wurde; vielleicht stoßen Sie noch auf andere Ungereimtheiten.

Warum-Fragen

Zu den W-Fragen zählen: „wer, was, wie, wann, weshalb, wo, wodurch, wem, worauf, welche, warum ..." Aber Vorsicht bei „warum" – man fühlt sich schnell auf der Anklagebank, v.a. dann, wenn auch noch der Ton vorwurfsvoll ist. Schon dem alten Sokrates (siehe S. 11) wurden vor ca. 2 500 Jahren seine bohrenden „Warum-Fragen" zum Verhängnis.

Fragen sollten immer zuerst an die ganze Gruppe gerichtet werden. So fühlt sich jeder angesprochen. Ruft man dagegen schon vorher jemand auf, werden sich die anderen vielleicht nicht mehr an der Lösung der Aufgabe beteiligen.
Sie fragen immer richtig, wenn Ihr Gegenüber gerne und richtig antwortet.

Dazu folgende Geschichte:
Ein alter Pater betet im Klosterhof sein Brevier und raucht dabei genüßlich sein Pfeifchen. Da kommt ein junger Pater dazu und meint spöttisch. „Ich wußte ja gar nicht, daß wir beim Brevierbeten rauchen dürfen; seit wann ist das denn erlaubt?" Darauf meint der Alte, der Abt habe es ihm genehmigt. Da saust der Junge zum Abt, kommt aber ganz betrübt wieder, da der Abt ihm das Rauchen verboten hatte. „Wie hast Du denn gefragt?", wollte der Alte wissen. „Ja , wie soll ich denn schon gefragt haben, ob ich halt beim Brevierbeten rauchen kann?" Der Abt habe ihm darauf geantwortet: „Beten ist ein Zwiegespräch mit Gott, da braucht man die ganze Konzentration. Bei aller Liebe, mein Sohn, das geht nicht!" Da sagte der alte Pater, er habe ihn gefragt, ob er beim Rauchen auch beten könne, da habe der Abt gemeint: „Beten, mein Sohn, kannst Du immer!"

3.6.4 Ich-Botschaften senden

Worte sind wie Waffen: Einige gehören verboten, weil sie sehr schwer verletzen können. Oft trifft man mit „nur so daher Gesagtem" beim anderen mitten ins Schwarze, weil der/die andere innerlich in seinem Selbstwert getroffen wurde. Dabei ist nicht entscheidend, wie ich es gemeint habe, sondern wie es beim anderen ankommt. Niemand darf die Selbstachtung eines Menschen untergraben!
Andere Sichtweisen zu verstehen, beinhaltet einfühlendes, nicht wertendes Verstehen. Mit dem anderen zu fühlen – „Ich verstehe, warum Du dich so verhältst". Das Verhalten verstehen, auch wenn man es nicht akzeptieren und billigen kann. Partnerorientierte Formulierungen drücken diese Haltung aus:
„Sie denken, daß ...",
„Sie haben das Gefühl, daß ...",
„Es scheint Ihnen, daß ...",

„Ich glaube zu verstehen, daß Sie ...",
„Sie glauben, daß ..."
Die sog. Ich-Botschaften drücken diese Einstellung aus. Sie wirken entschärfend, konfliktlösend und führen meist weiter:
„Ich meine ...",
„Ich halte für sinnvoll ...",
„Ich kann gut verstehen ...",
„Ich fühle ...",
„Ich empfinde ...",
„Ich bin enttäuscht ..."

Aufgabe

Versuchen Sie bitte die folgenden fünf Aussagen so umzuformulieren, daß sie höflicher und konfliktfreier wirken. Achten Sie bitte auch auf das Selbstwertgefühl des Gesprächspartners.

1. „Hören Sie endlich einmal zu!"

2. „Wie kann man nur so umständlich sein!"

3. „So geht das nicht!"

4. „Haben Sie noch nichts von der ...– Methode gehört?"

5. „Jeder halbwegs vernünftige Mensch würde ... "

Lösungsvorschläge:
Die folgenden Formulierungen sind nur mögliche Vorschläge unter vielen. Oft sind es nur Nuancen oder der Tonfall, die ein positives oder negatives Gefühl beim Gesprächspartner auslösen. Es gibt dabei keine Standardlösungen. Sie sollen nur für die partnerorientierten Redewendungen sensibilisiert werden.

Zu 1. „Ich komme jetzt zum Kernpunkt und brauche Ihre ganze Aufmerksamkeit."
Zu 2. „Das ist sicher auch eine Möglichkeit. Für unsere spezielle Aufgabe sollten Sie jedoch noch diese und jene Aspekte beachten."

Zu 3. „Ich glaube, mit dieser Lösung würden wir sicher unseren Kostenrahmen sprengen. Haben Sie die gesamten Kosten schon durchgerechnet?"

Zu 4. „Ich war letzte Woche auf der ... – Fachmesse. Es wurden interessante Neuerungen gezeigt. Ich habe Ihnen einige Prospekte mitgebracht. Prüfen Sie doch mal, ob für uns etwas dabei ist."

Zu 5. „Das ist ja ein bemerkenswerter Vorschlag. Wie sind Sie denn darauf gekommen? Auf Ihre Ausführungen bin ich schon ganz gespannt."

3.6.5 Bewerbungs- bzw. Einstellungsgespräch

Die meisten Kündigungen durch Mitarbeiter erfolgen im ersten Jahr der Anstellung. Hauptgrund sind enttäuschte Erwartungen. Diese Gefahr kann man durch verschiedene Maßnahmen verringern, die in der folgenden Checkliste zusammengestellt sind:

Bewerberauswahl	☑
Bewerbungsunterlagen auswerten	
Gründe für die Bewerbung in diesem Unternehmen	☐
Gründe für den Wechsel	☐
Ziele, Anspruchsniveau, Interessen	☐
Schriftliche Einladung an die ausgewählten Bewerber	☐
Qualifikation	
Aus- und Vorbildung, beruflicher Werdegang	☐
Fachliche Anforderungen	☐
Weiterbildungsbereitschaft, Weiterbildungsmaßnahmen	☐
Frühestmöglicher Eintrittstermin	☐
Persönlicher Hintergrund	
Herkunft, Biographie	☐
Soziale, familiäre Situation	☐
Außerberufliches Engagement	☐
Der Arbeitsplatz	
Ziele und Aufgaben der Abteilung	☐

Arbeitsplatz und Arbeitsbedingungen	☐
Entwicklungsmöglichkeiten	☐
Tätigkeit „vor Ort" und Kollegen kennenlernen lassen	☐
Vertragliche Bedingungen	
Einkommen, Bezahlung	☐
Sonstige Zusatzleistungen	☐
Fragen des Bewerbers	☐

Begrüßung neuer Mitarbeiter

Der Arbeitsbeginn in einem neuen Unternehmen ist vergleichbar mit dem Eintritt in eine andere Welt. Der Neuling trifft auf soziale Strukturen, die ihm noch nicht vertraut sind und muß Beziehungen zu ihm fremden Kollegen und Vorgesetzten aufnehmen. Auf der anderen Seite sind neue Mitarbeiter eine Chance zur Belebung der sozialen Strukturen, zur Überwindung festgefahrener Sichtweisen und zur besseren Bewältigung der gemeinsamen Aufgaben.

In dieser Situation kommt dem Coach als Führungskraft die verantwortungsvolle Aufgabe zu, Begrüßung und Einarbeitung des Neuen so durchzuführen, daß aus ihm möglichst schnell ein leistungsfähiger Mitarbeiter wird, der sich im Betrieb wohlfühlt. Begrüßen Sie deshalb den neuen Mitarbeiter herzlich und zeigen Sie ihm ihr Interesse an seiner Person, seinen Kenntnissen und Erfahrungen.

Damit der/die Neue beim Start nicht in ein dunkles Loch fällt, sollten Sie bei der Einführung und Begrüßung neuer Mitarbeiter einige wichtige Punkte beachten:

• Stellen Sie dem Neuen das Unternehmen, seine Geschichte, seine Strategie und die Grundprinzipien der Führung vor.

• Erklären Sie die Aufgaben in groben Zügen. Erläutern Sie die Bedeutung der Aufgaben für die Abteilung und die Bedeutung der Abteilung für das Unternehmen.

• Stellen Sie dem Neuen seine Kollegen – evtl. auch Ihren Vorgesetzten – vor. Ermutigen Sie den Neuen an Sie und seine Kollegen jederzeit Fragen zu stellen.

- Übertragen Sie zum Abschluß des Gesprächs eine sinnvolle Aufgabe, die den Neuen weder über- noch unterfordert. Muten Sie ihm nicht zuviel auf einmal zu.

- Weisen Sie schon jetzt auf später vorgesehene Maßnahmen hin, z.b. Betriebsbegehung, Kontakte zu anderen Gesprächspartnern.

3.6.6 Motivationsgespräch

Das Motivationsgespräch soll Leistung und Verhalten steuern, mit dem Ziel, die bestmögliche Eigenmotivation zu erreichen. Das bedeutet, Über-Motivation abzubauen und Unter-Motivation aufzubauen.

Das Motivationsgespräch sollte folgendermaßen strukturiert sein:

1. Sie sollten das grundsätzliche „Ja" zum Mitarbeiter haben.
   Stärken Sie die O.K.-Haltung (Selbstwert) durch:
   - Beachtung, sich Zeit nehmen,
   - bestätigen durch Wertschätzung und Anerkennung,
   - sachbezogene Kritik, nicht im Affekt,
   - Respekt entgegenbringen und ernst nehmen,
   - offen und ehrlich informieren,
   - zuhören können, Rückmeldung geben, Fragen stellen,
   - ausreden lassen, nicht ins Wort fallen,
   - Höflichkeit, Freundlichkeit und Rücksichtnahme.

2. Sie sollten die Notwendigkeit der Aufgabe erklären.

3. Sie sollten das Ziel mit Rahmenbedingungen vereinbaren.

4. Der Mitarbeiter sollte Vorschläge bringen.

5. Sie sollten exakte Terminvorstellungen (evtl. Zwischenbericht) haben.

Ziel bei allem sollte sein, ihn/sie persönlich erfolgreich zu machen.

Beispiel: Ihr erfahrener Mitarbeiter Quengel soll eine Sonderaufgabe erhalten. Er soll eine Marktübersicht mit Preisen, Bewertungskriterien und -unterlagen für eine neue multifunktionale „high-tech" Spezial-Fräsmaschine beschaffen und erstellen.

Das erste Gespräch könnte dann etwa so aussehen:
„Es geht ja doch um eine größere Investition und für das Unternehmen hängt viel von einer guten Entscheidung, einem fundierten Urteil ab. Wir sollten sie nicht einfach aus dem Bauch heraus treffen. Bei dieser Entscheidung brauchen wir besonders Ihre Mithilfe, Herr Q. Sie haben sich in letzter Zeit geradezu zu einem Experten für Fräsmaschinen entwickelt. Wenn einer ein Urteil treffen kann, welche Maschine angeschafft werden sollte, dann Sie!"
Ermuntern Sie Q dazu, offen seine Meinung darüber zu äußern. Vielleicht wird er Einwände bringen, daß es doch auch noch andere gäbe, die sich auf diesem Gebiet auskennen. Entkräften Sie diese Einwände und fordern Sie ihn auf, bei dieser wichtigen Sonderaufgabe mitzuarbeiten.
„Was meinen Sie, wie können wir bei einer solchen Entscheidungsfindung vorgehen? Was brauchen wir alles dazu? Welche Kriterien sollten wie gewichtet werden?"
Herr Q wird seine Vorschläge bringen, z.b. Unterlagen, Prospekte und Preislisten, Besuche von Fachmessen, Herstellerfirmen besichtigen u.a.m.
„Ich wollte jetzt nur mal Ihr grundsätzliches Einverständnis haben; über alle Detailfragen unterhalten wir uns später. Sie haben natürlich für diese Spezialaufgabe ein eigenes Budget zur Verfügung. Ich dachte zunächst an DM 5 000,–. Wird das reichen?"
Er soll dann grob die anfallenden Kosten überschlagen und mit Ihnen durchrechnen.
„Werden Sie es schaffen in vier Wochen einen ersten Zwischenbericht zu erstellen? Ich darf mich zunächst für Ihre spontane Bereitschaft bedanken. Die Detailfragen sprechen wir dann morgen durch. Viel Spaß bei der Arbeit."

Wenn es bei der Umsetzung Schwierigkeiten gibt, dann sollten Sie dies rechtzeitig bemerken und erneut das Gespräch suchen:
„Was sollten wir im Ablauf oder sonst noch verbessern?"
„Was wäre dabei Ihr Beitrag?"
„Brauchen Sie Hilfe und Unterstützung dabei?"
„Was könnte ich dazu beitragen?"

Das Ergebnis sollten Sie in irgendeiner Form festhalten.

3.6.7 Jahresgespräch mit Protokoll

Damit Leistungsbeurteilungen nicht mehr an Zeugnisnoten und an Lehrer-Schüler-Verhältnisse erinnern, werden Beurteilungsgespräche jetzt in den meisten Unternehmen Jahresgespräche genannt. Inhaltlich hat sich zu der von allen gefürchteten Beurteilung meist nicht viel geändert.

Wenn wir aber von unseren Mitarbeitern mehr Kreativität, Ideen, Eigenverantwortung und Engagement erwarten, muß dieses Gespräch in einer anderen Form, z.B. als partnerschaftliches Zufriedenheits- oder Beratungsgespräch, geführt werden. Die Grobstruktur könnte ein sachlicher Soll-Ist-Vergleich mit einer gemeinsamen Ursachenanalyse sein. Folgerungen für die Zukunft sollten sich daraus ableiten. Bei diesem Gespräch soll auch der Mitarbeiter seine Meinungen, Sichtweisen und Vorschläge ausführlich einbringen können.

Fragen, wie z.B. ...

• Wie sind Sie mit Ihren Arbeitsbedingungen und Ihrem Arbeitspatz zufrieden?
• Sind die Ziele realistisch und machbar?
• Brauchen Sie für die Zielerreichung noch Zusatzgeräte oder andere Hilfen?
• Wie ist die Zusammenarbeit in der eigenen und mit anderen Abteilungen?
• Bekommen Sie ausreichend arbeitsbezogene Informationen?
• Haben Sie genügend Spielraum, um eigene Ideen einzubringen?
• Werden gute Leistungen anerkannt und gewürdigt?

... könnten weiterhelfen.

Ein Coach als Führungskraft wird das „heikle" Jahresgespräch in dieser Richtung führen. Zuerst kann der Mitarbeiter zu den einzelnen Fragen Stellung nehmen und mit der Sichtweise des Coach kommt vielleicht bei vielen Punkten eine gemeinsam getragene Bewertung zustande. In den offenen und strittigen Einzelpunkten, bei denen das vereinbarte Ziel weit verfehlt wurde, müssen Lösungsmöglichkeiten (z.B. Unterstützung, spezielle Fördermaßnahmen oder Schulungen bzw. Trainings) gesucht und gefunden werden. Stellt sich dabei heraus, daß einzelne Aufgaben nicht mit den Fähigkeiten des Mitarbeiters zusammenpassen, sollten dafür u.U. andere Aufgaben übertragen werden.

Protokoll Jahresgespräch

Name des Mitarbeiters:

Name des Vorgesetzten:

Abteilung:

Datum:

Betrachtungszeitraum von   bis

Verteiler: Mitarbeiter

              Vorgesetzter

              Personalakte

1. Rückblick

Welche Ziele waren vereinbart?	Ergebnisse (Zielerreichung)	Ursachen für Abweichungen (Personen/Prozesse/ Umgebungseinflüsse)

Besondere Leistungen und Ergebnisse des Mitarbeiters:

2. Maßnahmen

Maßnahmen für die Verbesserung in der Organisation, Zusammenarbeit,
Verbesserung des Arbeitsplatzes

Ziele	Maßnahmen	Termine

Maßnahmen für Prozeß-Verbesserungen (Arbeitsabläufe)

Ziele	Maßnahmen	Termine

Maßnahmen für Verbesserungen der persönlichen Leistungen/Leistungsvoraus-
setzungen (Fortbildung, Qualifizierungsmaßnahmen etc.)

Ziele	Maßnahmen	Termine

3. Ziele für die kommende Periode

Maßnahmen für die Verbesserung in der Organisation, Zusammenarbeit
Verbesserung des Arbeitsplatzes

Ziele	Angestrebtes Ergebnis Erreichungskriterien	Termine

Eventuelle Zielanpassungen oder Revision während des Betrachtungszeitraums

4. Stellungnahme des Mitarbeiters

Datum   Unterschrift Vorgesetzter   Unterschrift MItarbeiter

nächsthöherer Vorgesetzter zur Kenntnis genommen

3.6.8 Mitarbeitergespräch

In einer Studie „Wo drückt der Schuh?" des Bayerischen Arbeitsministeriums wurden 4 000 Mitarbeiter und Mitarbeiterinnen zu ihrem Arbeitsalltag befragt. Eine Frage war auch „Was schätzen Sie an Ihrem Vorgesetzten am meisten?". Es waren sechs Eigenschaften vorgegeben. Jeder/Jede Befragte konnte drei Eigenschaften auswählen. Das Ergebnis war verblüffend. Noch vor Anerkennung und Wertschätzung rangierte an erster Stelle „Er spricht mit mir …". Erst an fünfter Stelle wurde das Fachwissen genannt!

Die wichtigsten Eigenschaften im einzelnen:

1. Er spricht mit mir darüber, wie die Arbeit am besten gemacht werden kann (über 65 %).
2. Er erkennt Leistungen an (65 %).
3. Er behandelt mich gerecht (61 %).
4. Er setzt sich für meine Belange ein (52 %).
5. Er hat gute Fachkenntnisse (44 %).

Auf die Frage, „Sagt Ihr Vorgesetzter, wie er über Ihre Leistungen denkt?", antworteten rund 70 % aller Befragten, daß sie keine ausreichende oder regelmäßige Information darüber erhalten, wie ihr Vorgesetzter ihre Leistungen beurteilt. Dieses Ergebnis ist alarmierend!

3.7 Kommunikationshemmer

Killerphrasen und psychologische Spiele sind typische Äußerungen, wie man eine begonnene Kommunikation hemmen bzw. abbrechen kann.

3.7.1 Killerphrasen

Killerphrasen sind Bemerkungen bei Besprechungen, Diskussionen oder Erörterungen und Meetings, die sich an Emotionen, nicht aber an die Ratio wenden. Ziel ist es, die gedankliche Weiterentwicklung eines Themas zu blockieren oder in eine gewünschte Richtung umzulenken.
Typische Killerphrasen sind z.B.
„Das haben wir doch schon immer/noch nie so gemacht!",
„Das ist doch viel zu kompliziert/primitiv/gefährlich/teuer/riskant!",

„Das können Sie doch gar nicht beurteilen!",
„Da fehlt Ihnen doch die Erfahrung!",
„Das ist doch gar nicht Ihre Aufgabe!",
„Dafür sind Sie doch viel zu jung/alt!",
„Das kann im Norden/Süden/Westen/Osten gehen, aber nicht hier!",
„Das ist doch ein alter Hut!"

Die Kenntnis dieser Phrasen soll Sie in die Lage versetzen, sie wenn möglich zu vermeiden. Bei Teambesprechungen ist es wirksam, im Teilnehmerkreis zu vereinbaren, Killerphrasen, sowie sie fallen, auf Flip-chart oder Tafel zu schreiben. Diese „Veröffentlichung" wirkt oft Wunder.

3.7.2 Psychologische „Spiele" von Erwachsenen

Wir alle spielen täglich mit anderen unsere „Spielchen", ohne es zu merken. Erst durch das Bewußtmachen können wir diese Art von verspielt-unwirklicher Kommunikation selbst besser erkennen und im Umgang mit anderen Menschen nicht mehr so oft anwenden bzw. „spielen". Bei psychologischen Spielen denkt man zunächst, daß sich das Gespräch auf der Er-Ebene abspielt. In Wirklichkeit werden Beziehungsprobleme dargestellt und die Kommunikation geht von oben nach unten, bzw. umgekehrt. Das El-Ich gibt Ratschläge, das Ki-Ich sucht Hilfe und Anlehnung. Das Erwachsenen-Ich als „Scharnier" zwischen den beiden anderen Ich-Zuständen geht dabei völlig unter.

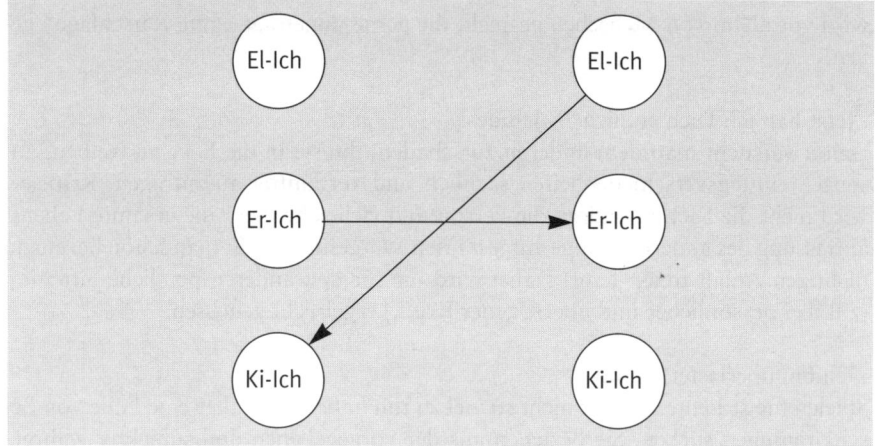

Abb. 13: Scheinbare und wirkliche Transaktionen bei psychologischen Spielen

Nach E. Berne[10] sind die folgenden psychologischen Spiele bei Erwachsenen äußerst beliebt:

„Warum nicht, ja aber …" – Wanja

Dieses Spiel ist sozusagen der Klassiker unter den Spielen und wird sowohl beruflich als auch privat bei sehr vielen Gelegenheiten gespielt. Das Spiel geht so, daß ein Partner gute Lösungsvorschläge bringt (warum nicht …); diese Vorschläge werden immer mit dem darauf folgenden verbalen Knüppel „. . . ja, aber …" abgeschmettert und blockiert.

„Ist es nicht schrecklich?" – Ins

Es wird in allen Variationen gespielt. Beliebt sind die eigenen Krankheitsgeschichten und wie man doch leiden müsse. Genüßlich werden dabei die Details plastisch in allen Einzelheiten erzählt, um Mitgefühl zu erheischen. „Warum muß das ausgerechnet immer mir passieren?" Da die Vertrauensperson meist selbst ein Ins-Spieler ist, kommt das Gespräch nie auf die Er-Ebene und dreht sich im Kreis.

„Ich versuche doch nur, Dir (Ihnen) zu helfen" – Ivedih

Diese Variante kann man auch in allen beruflichen Situationen spielen. Die angebotene Hilfe kommt nicht aus dem Er-Ich, um dem anderen wirklich zu helfen. Der Ivedih-Spieler braucht irgendwie eine Bestätigung dafür und weiß auch, daß seine Hilfe vom anderen in dieser Form nicht angenommen werden kann. Geht dann wirklich alles schief, kommt in etwa die folgende Reaktion: „Was Du wieder angerichtet hast. Ich habe es doch gleich gewußt und wollte Dir (Ihnen) nur helfen." Es wird vor allem von Menschen gespielt, die gerne ungefragt „gute Ratschläge" geben.

„Jetzt hab ich Dich endlich" – Jehide

Damit versucht man dem anderen zu schaden, ihn/sie in die Ecke zu treiben, anstatt Meinungsverschiedenheiten sachlich und vernünftig auszutragen. Kritisiert wird nicht die Sache, sondern die Person und vielleicht sogar die gesamte Lebensauffassung des anderen. Lange aufgestauten Wutgefühlen läßt man schon bei einem nichtigen Anlaß freien Lauf. Dabei wird die für den anderen peinliche Situation (z.B. bei persönlicher und überzogener Kritik) regelrecht genossen.

„Ich bin überlastet" – Ibü

Spielen meist Leute, die gar nicht so viel zu tun haben, sich aber eine Fülle von Beschäftigungen suchen. Sie beziehen aus der vorgegebenen und subjektiv wahrgenommenen Überlastung Selbstwert und holen sich damit zugleich einen Vorwand, für nichts und niemand mehr Zeit zu haben. Vielleicht ist es auch ein Schutzschild, um unangenehmen Gesprächen mit Mitarbeitern aus dem Weg zu gehen.

„Wenn Du (Sie) nicht wärst (-en)" – Weduniwä
Es wird in der Regel von Menschen eröffnet, die ihre eigenen Schuldgefühle dadurch mindern wollen, indem sie die Schuld bei anderen suchen. Dies kann mit folgender Äußerung enden: „Du/Sie bist/sind Schuld an unserem Unglück." Dabei beklagt man sich, daß immer der/die andere einen selbst beim Weiterkommen behindern würde, nach dem Motto: „Ich könnte viel mehr tun und leisten, aber der/die andere läßt mich nicht". Für das eigene Tun und Lassen wird keine Verantwortung übernommen. Schuld sind immer die anderen.

Um ein Spiel beenden zu können, muß man es erst einmal erkennen und mit dem/der anderen offen darüber sprechen. Dann sollte man im gemeinsamen Einvernehmen das Gespräch sofort abbrechen und ganz neu beginnen. Ansonsten entwickelt sich eine Spirale ohne Ende und man hat keine Chance herauszukommen!

4 Der Coach als Teamleiter

Gruppen können zusammen Hindernisse überwinden, die einer allein nicht schaffen kann. Gruppen sind soziale Gebilde, deren Mitglieder sich zusammengehörig, aufeinander angewiesen und voneinander abhängig wissen und fühlen. In der Gruppe bilden sich Merkmale, die von den Mitgliedern entweder übernommen oder selbst entwickelt werden. Durch diese Merkmale unterscheiden sie sich von anderen Gruppen und heben sich von ihnen ab.

Als Teamleiter begleitet der Coach den Entscheidungsprozeß seiner Gruppe und fördert den Gedankenaustausch der einzelnen Teilnehmer. Dies stärkt das gegenseitige Vertrauen und das partnerschaftliche Verständnis (Wir-Gefühl). Er/Sie moderiert die Gruppensitzungen. Die vorrangige Aufgabe dabei ist das Fördern des Engagements, der Leistungsbereitschaft und Überzeugungsfähigkeit sowie der individuellen, persönlichen Entfaltung. Nach Ruth Cohn[11] (Begründerin der TZI – Themenzentrierte Interaktion) muß dabei ein ausgewogenes Verhältnis zwischen Themenorientierung, Gruppenaktivität und Individuum bestehen.

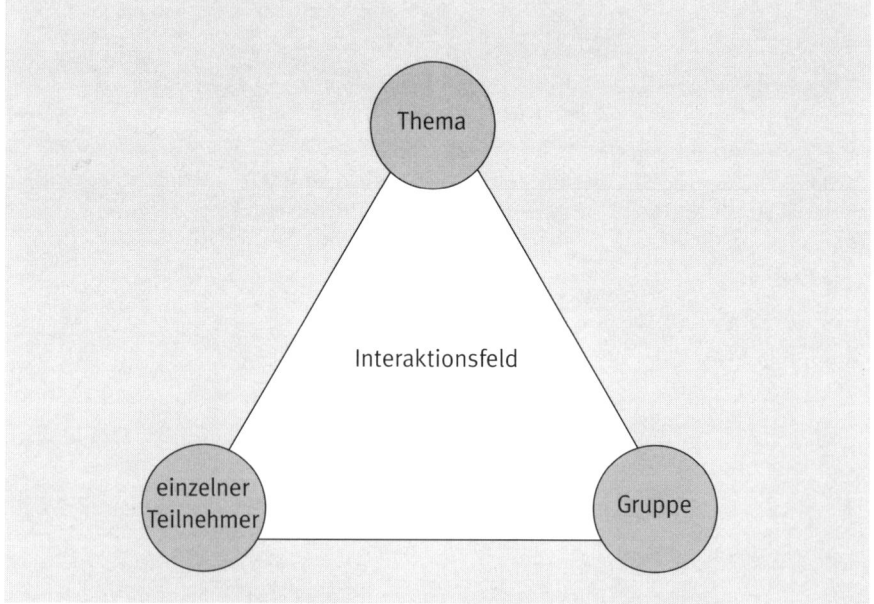

Abb. 14: Interaktionsfeld der TZI (Themenzentrierte Interaktion)

Die drei Fakoren werden gleichrangig behandelt:
Die Person, das „Ich";
die Gruppe, das „Wir";
das Thema, die Aufgabe, das „Es".

Solange ein dynamisches Gleichgewicht zwischen diesen drei Faktoren gegeben ist
bzw. erarbeitet wird, herrschen beste Bedingungen für die Teilnehmer als Personen,
für die Interaktion in der Gruppe und für die zu leistende Arbeit. Selbstverwirklichung, Kooperation und Aufgabenlösung gehen Hand in Hand. Bei einer funktio-
nierenden Gruppe ist die Gruppenleistung größer als die Summe der Einzelleistun-
gen (Synergieeffekt: 1 + 1 = 3).
Eine rein organisatorische Zusammenarbeit von Mitarbeitern ist demnach also
noch keine Gruppenarbeit.

4.1 Verschiedene Gruppen im Betrieb

Betriebspsychologie und -soziologie unterscheiden im wesentlichen zwischen formellen und informellen Gruppen. Darüber hinaus gibt es in der Praxis noch einige
Sonderformen.

1. Formelle Gruppen
Formelle Gruppen sind organisatorische Einheiten, die in ihrer Größe, Zusam-
mensetzung und Dauer vom Betrieb festgelegt werden. Zielsetzung, Information
und Koordination werden von „oben" (Betriebshierarchie) bestimmt und gesteu-
ert. Sie sollen bei einfach strukturierten Tätigkeiten Leistungen erbringen, wie z.B.
bei arbeitsteiligen Montageaufgaben. Gegenseitige Abstimmungsprozesse spielen
dabei nur eine untergeordnete Rolle.

2. Informelle Gruppen
Diese Gruppen entstehen spontan und sind vom Betrieb nicht planbar. Sie bilden
sich aufgrund der Initiative einzelner Mitarbeiter unabhängig von der Betriebsor-
ganisation. Die Gruppenbildung erfolgt ausschließlich nach persönlichen Gesichts-
punkten aufgrund gleicher Bedürfnisse, Einstellungen, Neigungen, Interessen,
Hobbys oder sozialer Faktoren, wie Alter, Geschlecht, Herkunft, Landsmannschaft,
Fahrgemeinschaften, Anhänger des gleichen Sportvereins, ähnliche politische Ansichten u.a.
Solche Gruppierungen können inaktiv sein und kaum in Erscheinung treten, sich
aber in einer bestimmten Situation aktivieren; sie können den Arbeitsprozeß sowohl

fördern (konstruktive informelle Gruppe) als auch behindern (destruktive informelle Gruppe). In jeder informellen Gruppe gibt es einen „Führer", dem eine besondere Bedeutung zukommt.

Je mehr von der informellen Gruppe in die formelle hineingebracht wird, desto besser ist es, weil dann die Kräfte der Beziehungsebene stärker wirken können. „Wenn aus Kollegen Freunde werden", läuft es auf der richtigen Schiene.

3. Sonderformen

• Die **Clique** ist eine Sonderform der informellen Gruppe, die sich gegenüber anderen Gruppen abschließt und einen Fremdkörper in der formellen Organisations- und Sozialstruktur des Betriebes darstellt. Sie kann sehr leistungsstark, aber auch extrem leistungsschwach sein. Zumeist verfolgt sie betont gruppenegoistische Interessen, hat einen Ausschließlichkeitsanspruch und wirkt gegenüber übergeordneten Interessen und Zusammenhängen störend und destruktiv. Eine Clique entsteht oft durch die aggressive oder resignierende Solidarität von „Frustrierten". Man könnte daran denken, ihnen Sonderprojekte oder andere herausfordernde Aufgaben zu übertragen.

• **Projektgruppen** sind formelle Gruppen, die zur Erfüllung bestimmter Sonderaufgaben gebildet werden. Sie arbeiten „auf Zeit" zusammen. Projektgruppen werden aus den für die Sonderaufgabe (Projekt) zuständigen Spezialisten gebildet. Ein Projekt ist ein komplexes, einmaliges, nach Aufwand, Raum und Zeit begrenztes Vorhaben mit typischen Organisations- und Verfahrensweisen. Um ein solches Vorhaben umzusetzen und zu einem erfolgreichen Abschluß zu bringen, werden Projektgruppen gebildet. Die Schwierigkeiten in den Teams liegen meist nicht im fachlichen Wissen und Können, sondern vielmehr an den Verhaltensklippen der Teilnehmer. Gelingt es, diese Schwierigkeiten anzugehen und zu überwinden, dann kann man ein gemeinsames Grundverständnis und Lösungswege schaffen und fortentwickeln.

„Ist er/sie konstruktiv oder destruktiv, aktiv oder passiv, tolerant oder engstirnig, geht er/sie auf andere zu oder zieht er/sie sich eher zurück und verhält sich distanziert?"

• Weiter kann man **produktive** und **kreative** Gruppen unterscheiden.
Die produktiven erbringen Leistungen durch körperliche Tätigkeit, die kreativen durch geistige Tätigkeit. Sie werden vor allem gebildet, wenn es darum geht, Probleme zu analysieren, Ideen zu sammeln, Entscheidungen vorzubereiten oder zu treffen. Die Ergebnisse sind meist besser, da mehr Informationen, mehr Ideen einfließen und mehr Kritik zum Tragen kommt. Allerdings darf man Gruppenar-

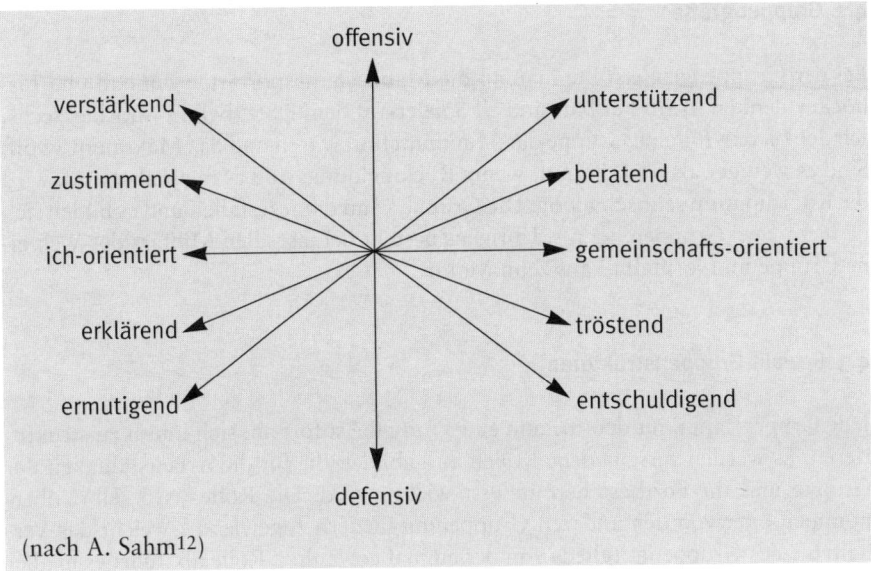

(nach A. Sahm[12])

Abb. 15: Wie geht der Teilnehmer mit anderen um?

beit nicht nur nach Leistungen beurteilen; zu berücksichtigen sind auch die Auswirkungen auf die Zufriedenheit der Mitarbeiter.

- Leistung und Zufriedenheit hängen auch von der Arbeitsorganisation ab: Wer macht was, wie, bis wann? Dies kann erfolgen durch eine betriebliche Anweisung, einen Gruppenführer oder die Gruppe selbst. Wenn die Selbstbestimmung alle Fragen der Arbeitsorganisation betrifft, spricht man von **autonomen** Gruppen, bezieht sie sich nur auf Teilfragen, sprechen wir von **teilautonomen** Gruppen.

Teilautonome Gruppen sind ein Teil der regulären Organisation und arbeiten konstant zusammen. Im Unterschied zu den formellen Gruppen wird ihnen die Erstellung eines (Teil-)Produkts mehr oder weniger verantwortlich übertragen.
Das Konzept der teilautonomen Arbeitsgruppen verknüpft die Gedanken der quantitativen Arbeitserweiterung (job enlargement), der qualitativen Arbeitsbereicherung (job enrichment), des Arbeitswechsels (job rotation) und überträgt sie auf die Gruppensituation.
Um die Eigenverantwortung zu fördern, ist immer die volle Gruppenautonomie anzustreben.

4.2 Gruppengröße

Bei der Gruppengröße sollte man an die Mannschaftssportarten Fußball und Eishockey denken. Beim Fußball sind elf Spieler auf dem Platz, beim Eishockey sechs. Ich denke, daß für eine Gruppe das Minimum fünf wären und das Maximum zwölf. Sind es weniger als fünf, kommt wenig Rückmeldung; sind es mehr als zwölf, wird die Koordination sehr schwierig. Die Gruppe kann dann zerfallen und es bilden sich de facto zwei Gruppen heraus. Übrigens besteht bei fast allen Militärs der Welt eine Gruppe im Normalfall aus zehn Mann.

4.3 Soziale Gruppenstrukturen

Jede Gruppe fängt mit dem Beginn einer Aufgabe sofort an, sich intern zu strukturieren. Es werden verschiedene Rollen ausgebildet, die für die Arbeitsfähigkeit der Gruppe und ihr Fortbestehen äußerst wichtig sind. Die Rolle wird selbst übernommen oder von den anderen Gruppenmitgliedern zugewiesen. Weicht das Verhalten eines Gruppenmitglieds von der einmal gewählten Rolle ab, führt es in aller Regel zu Spannungen und Konflikten in der Gruppe.
In Gruppen bilden sich die folgenden Positionen bzw. Funktionen aus, denen bestimmte Rollen zugeordnet sind. Diese Rollen sind nicht statisch, sondern dynamisch, können sich also ändern, v.a. bei Umbesetzungen.

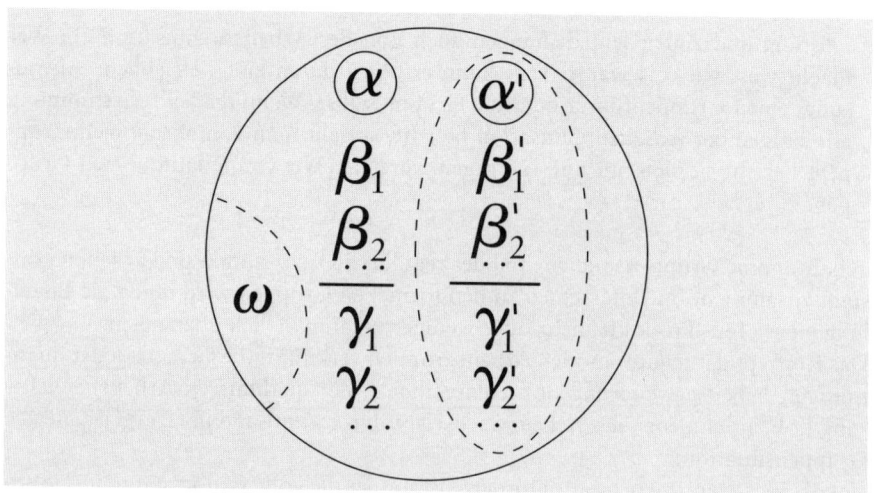

Abb. 16: Soziale Strukturen in Gruppen

Alpha ist der offizielle Führer der Gruppe, der Sprecher, der Initiator. Er legt Wert auf unbedingte Anerkennung und spielt oft den „großen Zampano". Besser wäre ein „Primus inter parcs" (Erster unter Gleichen), der die übrigen Gruppenmitglieder in den Entscheidungsprozeß einbezieht.

Die **Betas** (β) sind die unbedingten „Gefolgsleute", die sich vollkommen mit Alpha identifizieren. Sie schließen sich seiner Meinung an und unterstützen seine Aktionen.

Die **Gammas** (γ) sind bedingte „Gefolgsleute" und Beobachter, die sich oft etwas zurückziehen. Sie streben danach, mit allen in der Gruppe gut auszukommen.

Oft bildet sich, v.a. bei größeren Gruppen, ein **Gegen-Alpha**, sozusagen der inoffizielle Führer. Er hat meist die Funktion des Meinungsmachers. Auch er hat seine Betas und Gammas als „Gefolgsleute".
Diese Bindungen sind sehr stark, da sie freiwillig sind. Gut wäre es, wenn Alpha und Gegen-Alpha in einer Person vereint wären. Ist dies nicht der Fall, sollte der Gegen-Alpha unbedingt in die Verantwortung eingebunden werden.

Omega (ω) ist das „fünfte Rad", der Außenseiter, der Prügelknabe, der Sündenbock, der von den anderen in diese Rolle gedrängt wurde. Da der Gruppenprozeß dynamisch ist, kann ein starker Omega, der (z.B. aus Opposition) bewußt und absichtlich diese Rolle übernommen hat, auch die anderen Positionen (Alpha, Beta, Gamma) besetzen.

4.4 Gruppennormen

In jeder Gruppe, die über eine gewisse Zeit zusammenarbeitet, werden durch ausdrückliche Vereinbarungen oder stillschweigende Übereinkunft bestimmte Normen für das Verhalten der Gruppenmitglieder in der Gruppe und gegenüber Außenstehenden gesetzt. Diese Gruppennormen vermitteln den Gruppenmitgliedern Verhaltenssicherheit, binden die Gruppenmitglieder aneinander (Kohäsion), grenzen und schirmen die Gruppe nach außen hin ab (Wir-Gefühl).

Je nach Gruppe kann die Toleranz gegenüber Abweichungen von den Normen sehr eng oder weit sein. Die Toleranz gegenüber Normabweichungen ist auch abhängig von folgendem:

- Rolle der von der Norm abweichenden Person (groß beim informellen Führer, gering beim Außenseiter),

- der Vertrautheit mit der von der Norm abweichenden Person (groß bei langjährigen Mitarbeitern, gering bei Neuen),

- Beliebtheit der von der Norm abweichenden Person (groß, wenn beliebt; gering, wenn unbeliebt),

- der augenblicklichen Gruppenstimmung (groß bei Erfolg und gutem Klima, gering bei Mißerfolg und Spannungen).

4.4.1 Gruppendruck

Bei nicht tolerierbaren Normabweichungen reagiert die Gruppe mit Gruppendruck. Gruppendruck wird in einzelnen Phasen ausgeübt:

Phase 1:
Verstärken der Kommunikation: Versuch der Überzeugung. Appell an Einsicht und Kompromißbereitschaft.

Phase 2:
Soziale Isolation: Abschneiden von Informationen. Abbau von Kontakten (Links-Liegen-Lassen).

Phase 3:
Aggressionen: Offener Krach.

Phase 4:
„Exkommunikation": Ausschluß aus der Gruppe.

Ein entscheidender Punkt für die Aufnahme neuer Mitglieder in eine bestehende Gruppe ist, inwieweit sie den Gruppenerwartungen und Gruppennormen entsprechen.

4.4.2 Gruppendynamik

Eine Möglichkeit, die Stellung innerhalb einer Gruppe zu ermitteln, ist die sogenannte Soziometrie. Diese Methode ist ein Verfahren zur Messung der sozialen Gegebenheiten in Gruppen. Ihre Anwendung findet diese Methode etwa bei der Untersuchung des Arbeitsklimas in Teams, aber auch bei der Analyse von Führungsstrukturen.

Insbesondere bei zwischenmenschlichen Interaktionsbeziehungen im Betrieb werden soziometrische Methoden eingesetzt. Die verschiedenen Gruppenbeziehungen werden erfaßt und anschließend graphisch dargestellt und ausgewertet. Eine Möglichkeit ist, die gegenseitige Einflußnahme und Beeinflußbarkeit der Gruppenmitglieder untereinander festzustellen.

Beispiel:
Zur Erläuterung der Vorgehensweise soll das folgende Beispiel dienen. Die einzelnen Mitglieder erhielten folgende Aufgabe:

„Sie haben vor sich die Liste aller Gruppenmitglieder. Unterstreichen Sie den eigenen Namen und kreuzen Sie bis zu zwei Namen von Gruppenmitgliedern an, von denen Sie der Meinung sind, daß sie bisher am stärksten Ihr Denken und Handeln beeinflußt haben."

Die Ergebnisse wurden anschließend gesammelt und mit Hilfe eines Soziogramms graphisch dargestellt:
Dabei stellte sich heraus, daß das Mitglied Nr. 3 eine hohe Einflußnahme auf die übrigen Gruppenmitglieder hat und eine Art „Führerrolle" innehat. Der Teilnehmer Nr. 4 wird sehr stark von anderen Kollegen beeinflußt und dürfte eine Art „Prellbock" sein, der von den anderen für alles verantwortlich gemacht wird. Nr. 6 wird weder beeinflußt, noch übt er/sie einen Einfluß auf andere aus; er ist sozusagen der Außenseiter.
Aufgrund dieser Ergebnisse können nun Umstrukturierungen, andere Aufgabenverteilungen oder neue Lösungen entwickelt werden. Es darf jedoch nicht außer acht gelassen werden, daß innerhalb der Gruppe noch andere Störfaktoren wirken können, z.B. private Streitigkeiten, hohe Arbeitsbelastung, sonstiger Streß u.a.

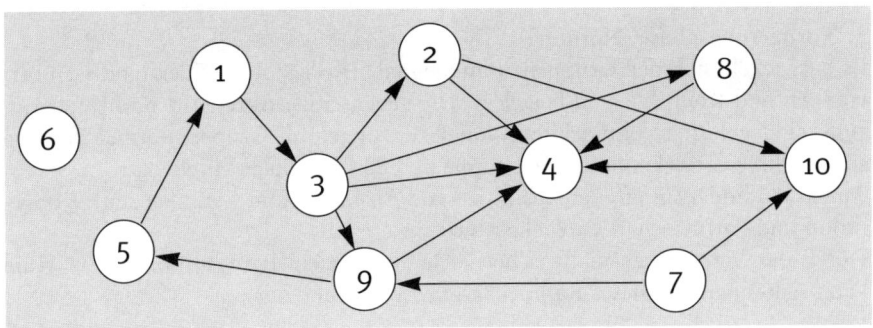

Abb. 17: Soziogramm

4.5 Die Gruppenentwicklung

Üblicherweise bildet sich die Struktur einer Gruppe erst mit der Zeit heraus, wobei verschiedene Phasen durchlaufen werden. Jede Phase stellt spezielle Anforderungen an die Führungskräfte.

1. Formierungsphase (Forming)
Man tastet sich gegenseitig ab. Es besteht Angst, Abhängigkeit von einem Führer. Führernaturen treten in den Vordergrund. Man prüft die Situation und die Frage nach dem angemessenen Verhalten. Verhaltensmuster werden ausprobiert.
Die Gruppenmitglieder erkennen die Aufgabe, die Regeln und die angemessenen Methoden.
Führende müssen zunächst gewährleisten, daß jedes Mitglied seinen „Platz" findet und sich Gruppenstrukturen herausbilden.

Dauer: Ca. zwei Monate.

2. Konfliktphase (Storming)
Konflikte zwischen Untergruppen; Auflehnung gegen Führer, Meinungsverschiedenheiten, Widerstand gegen Kontrolle durch die Gruppe. Konflikte über die Intimität der Gruppe. Konflikte müssen ausgetragen und nicht „unter den Teppich gekehrt" werden. Gruppennormen bilden sich heraus.
Emotionaler Widerstand gegen die Anforderungen der Aufgabe bildet sich.
Für Führende ergeben sich in dieser Phase des öfteren Möglichkeiten, sich im Umgang mit Konflikten zu trainieren. Vielleicht entwickelt sich daraus sogar ein Konfliktmanagement (siehe Kapitel 2.6).

Dauer: Ca. sechs Monate (längste Phase).

3. Normierungsphase (Norming)
Es entwickelt sich der Gruppenzusammenhalt (Kohäsion). Widerstand ist überwunden und Konflikte sind beigelegt. Die gegenseitige Akzeptanz und Unterstützung sind gefestigt, Entwicklung von Gruppengefühl, Gruppennormen festigen sich. Es herrscht Bekenntnis zur Gruppe und den einzelnen Mitgliedern.
Außerdem findet ein offener Austausch von Ansichten und Gefühlen statt: Kooperation und Partnerschaft entwickeln sich.
Durch das Vereinbaren realistischer Ziele entsteht ein Bezugsrahmen. Das Team kann sich innerhalb dieses Rahmens frei bewegen und agieren.

Dauer: Ca. einen Monat (kürzeste Phase).

4. Arbeitsphase (Performing)
Die interpersonalen Probleme sind gelöst; die Gruppe widmet sich den anstehenden Aufgaben. Die verteilten Rollen werden flexibel gelebt, die Energie wird zielorientiert für die effektive Arbeit eingesetzt.
Es tauchen Lösungen für Probleme auf, und es gibt konstruktive Anstrengungen, die Aufgabe zu beenden. Es ist die Hauptarbeitsperiode.
Die anfänglich noch stark reglementierende Haltung der Führungskräfte kann nun zugunsten der eigentlichen Themenarbeit sukzessive aufgegeben werden. Das Augenmerk liegt nun auf dem „Wie", nicht mehr auf dem „Was".

Die produktive Arbeit mit Synergieeffekten beginnt erst nach einem Jahr; bei guten Gruppen kann es kürzer sein, bei schwierigen Gruppen kann es auch länger dauern.

4.6 Teamfähigkeit

Wer in einer Gruppe mitarbeitet, sollte teamfähig sein. Er/Sie sollte

• aktiv sein,
anpacken, einen seinen Fähigkeiten entsprechenden Beitrag zum Gruppenergebnis leisten, Ideen und Meinungen einbringen, Verantwortung übernehmen, Entscheidungen treffen und umsetzen;

• kommunikationsbereit sein,
andere Sichtweisen und Einstellungen akzeptieren, weiterführende Beiträge leisten, ermutigende Impulse und Anregungen geben, Herausforderungen annehmen, Perspektiven aufzeigen;

• hilfsbereit sein,
aufgeschlossen, offen und zugänglich, andere Gruppenmitglieder bei der Bewältigung ihrer Arbeit unterstützen;

• tolerant sein,
gegenüber Außenseitern und Abweichungen von Gruppennormen, im eigenen Verhalten berechenbar und echt sein;

• solidarisch sein,
nach außen zur Gruppe stehen.

4.6.1 Umgang mit den verschiedenen Diskussionstypen

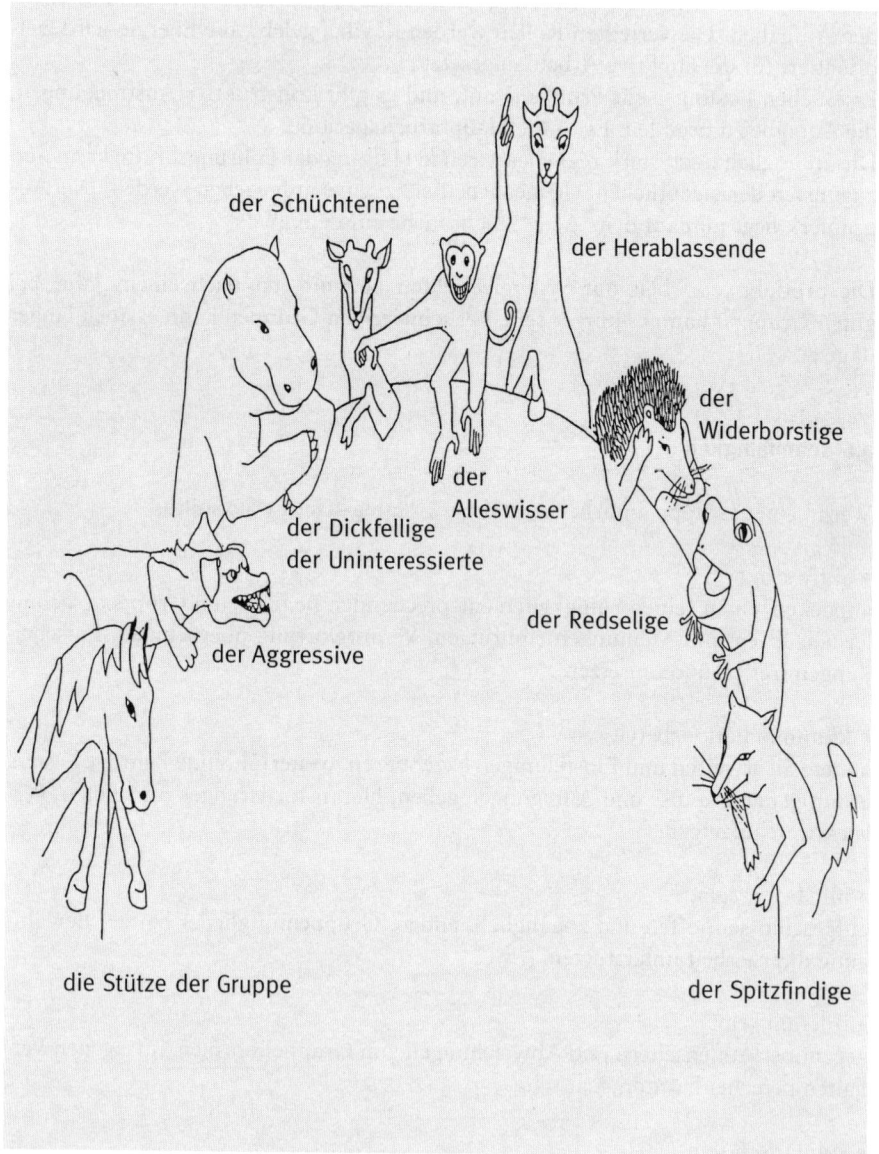

Abb. 18: Die Gruppe und ihre Diskussionstypen

Der **Positive** ist sanftmütig und selbstsicher, geht zügig und direkt auf das Ziel los. Er ist die Stütze der Gruppe.

Tip für den Coach:
Ziehen Sie ihn/sie bewußt in die Diskussion mit ein; er soll z.B. zu einem strittigen Punkt Stellung nehmen.

Der **Streitsüchtige** widerspricht auf aggressive Art und gefällt sich im destruktiven Kritisieren.

Tip für den Coach:
Bleiben Sie sachlich und ruhig und vermeiden Sie Streitgespräche. Besänftigen Sie ihn durch Humor. Motivieren Sie ihn/sie zu einem konstruktiven Beitrag. „Das ist ein guter Beitrag; über die Details sollten wir später noch sprechen."

Der **Dickfellige** ist uninteressiert, wortkarg und gelangweilt und sitzt einfach da.

Tip für den Coach:
Fragen Sie ihn direkt nach seiner Meinung und fordern Sie ihn heraus. Schaffen Sie ihm Erfolgserlebnisse und bewegen Sie ihn dazu, seine Erfahrungen einzubringen.

Der **Schüchterne** schweigt am liebsten und enthält sich der Meinung.

Tip für den Coach:
Ermuntern Sie ihn, sein Selbstvertrauen durch Erfolgserlebnisse zu stärken. Stellen Sie ihm leichte, direkte Fragen. Loben Sie seine Antworten und nennen Sie seine richtigen Erkenntnisse an passender Stelle nochmals.

Der **Alleswisser** weiß alles besser und unterbricht stets mit Einwänden, Behauptungen und Zitaten.

Tip für den Coach:
Gehen Sie nie direkt auf seine Rede ein, er weiß es eh besser.
Stellen Sie geschlossene Fragen, die nur mit einem „ja" oder „nein" beantwortet werden können. „Haben Sie …?", Brauchen Sie …?", „Können Sie …?", Möchten Sie …?", „Schaffen Sie es bis …?"

Der **Erhabene** ist herablassend, überheblich, eingebildet und reagiert sehr empfindlich auf Kritik.

Tip für den Coach:
Stellen Sie keine offenen Fragen (W-Fragen), sondern geschlossene. Bestätigen Sie ihn, bringen Sie aber auch die Bedenken vor, wie z.B. „Das ist ja interessant, wie sind Sie darauf gekommen …?"

Der **Widerborstige** ist verbittert und macht auf Opposition; weist alles zurück und will sich nicht in die Runde integrieren.

Tip für den Coach:
Bitte versuchen Sie nicht krampfhaft ihn/sie zu beteiligen.
Lockern Sie ihn/sie durch Freundlichkeit auf. Haben Sie Geduld und lassen Sie ihn von seinen Erfahrungen berichten. Erkennen Sie diese auch an. Wecken Sie seinen/ihren Ehrgeiz.

Der **Redselige** redet um des Redens willen.

Tip für den Coach:
Weisen Sie ihn/sie höflich und bestimmt auf das Thema hin. Legen Sie Redezeiten fest. Stellen Sie geschlossene Fragen, keine offenen Fragen (W-Fragen). Bestätigen Sie, bringen Sie aber auch die Bedenken vor, wie z.B. „Es geht sicher auch so, nur bedenken Sie, daß ...“ Evtl. taktvoll unterbrechen: „Es wird jetzt etwas komplizierter, ich bitte um Ihre ganze Aufmerksamkeit.“

Der **schlaue Ausfrager** ist spitzfindig und wartet nur darauf, Sie bei der ersten Gelegenheit hinterrücks hereinzulegen.

Tip für den Coach:
Bleiben Sie ruhig, hören Sie konzentriert zu. Auf Spitzfindigkeiten sollten Sie nicht näher eingehen. Deuten Sie ihm unter Umständen an, daß sein Verhalten auch Grenzen hat. Geben Sie möglichst wenig direkte Antworten. Seine Fragen sollten Sie zur Stellungnahme an die anderen Teilnehmer weitergeben.

4.6.2 Der Coach als Moderator

Der Coach steuert als Moderator den Diskussionsablauf mit pädagogisch-psychologischem Geschick. Dazu zählen im einzelnen:

• Die „Spielregeln“ vereinbaren und festlegen.

Gruppenregeln könnten z.B. sein:
– Zuhören, andere ausreden lassen.
– Sachlich und am Thema bleiben.
– Andere Meinungen tolerieren (respektieren).
– Keine persönlichen Angriffe.
– Keine Killerkommunikation und psychologische „Spielchen“.

– Offen sein für andere Sichtweisen und „neue" Lösungsansätze.
– Niemandem die eigene Meinung aufdrängen wollen.
– Niemanden manipulieren wollen.
• „Öffnen" der Teilnehmer zu kreativen und konstruktiven Beiträgen.
• Abschweifungen vom Thema verhindern.
• Vermitteln bei konträren Positionen.
• Alle Teammitglieder ausgewogen beteiligen. Der Coach sorgt für ein ausgewogenes Verhältnis von Themenorientierung, Gruppenaktivität und Individuum.
• Sich selbst nicht in den Vordergrund stellen.
• Mehr fragen, weniger sagen.
• Mit den Teilnehmern sprechen, nicht nur zu ihnen. Anregungen geben.
• Ergebnisse gegenüber Dritten vertreten.

	hoch			niedrig
	4	3	2	1
Persönliche Ausstrahlung		X		
Einfühlungsvermögen	X			
Fachspezialist			X	
Schnelle Auffassung		X		
Wissenschaftliches Vorgehen				X
Gruppenorientiertes Verhalten	X			
Organisationstalent			X	
Flexibel		X		
Karrierebewußt				X
Kontaktfähig	X			
Tolerant	X			
Durchsetzungsvermögen			X	
Engagiert	X			
Zielorientiert		X		

Abb. 19: Anforderungsprofil für den Coach als Moderator

4.7 Strategien für Teamarbeit

Man muß sich darüber im klaren sein, daß es **die** Gruppenarbeit nicht gibt! Man kann niemals etwas eins zu eins von anderen übernehmen, da zu viele spezielle, betriebsspezifische Dinge und die jeweilige Unternehmenskultur eine Rolle spielen. Aber es gibt bestimmte Grundsätze und Zusammenhänge, die es zu beachten gilt.

Wenn Gruppenarbeit für das Unternehmen erfolgreich sein soll und alle (Führungskräfte, Mitarbeiter) motivieren soll, muß hinter dieser Führungsstruktur eine Kultur und Strategie des Managements stehen, die sich durch das gesamte Unternehmen fortsetzt. Von der Wertigkeit her unterscheiden wir folgende vier Wirkungsebenen:

Erste Ebene:
Unternehmenspolitik, Unternehmensleitbild, Strategien und Ziele.

Zweite Ebene:
Führungsstrukturen und Organisation für Veränderungsprozesse.

Dritte Ebene:
Qualität (Produkt) und Qualifikation (Mitarbeiter).

Vierte Ebene:
Zugehörigkeit (Wir-Gefühl).

Diese vier Ebenen gehören zusammen, sind voneinander abhängig und bedingen einander. Die jeweils nächsthöhere Ebene beeinflußt die darunterliegenden und umgekehrt. D.h., wenn die Produktqualität und die Qualifikationen der Mitarbeiter schlecht sind, wird keiner stolz darauf sein, diesem Unternehmen anzugehören. Oder wenn die Strukturen und Organisationen nicht zur Strategie „passen", wird die Qualität auch nicht stimmen. Wenn bei der obersten Ebene Leitbild und Strategie nicht stimmen, werden die anderen drei Ebenen auch nicht harmonieren.

Strategische Schritte auf dem Weg zu Gruppenarbeit könnten z.B. sein:

- Wecken und fördern Sie Bereitschaft zur Zusammenarbeit auf allen Ebenen. Alle Kräfte und Ressourcen sollten Sie für dieses Ziel bündeln.

- Akzeptieren Sie , daß die Qualität der Beiträge bei den einzelnen Mitarbeitern unterschiedlich ist. Sie sollten sie trotzdem wertschätzen, akzeptieren und integrieren. Die verschiedenen Stärken, Begabungen und Fähigkeiten müssen zusammengeführt werden.

• Praktizieren Sie gegenseitige Offenheit, aufeinander zuzugehen.

• Es muß die Bereitschaft da sein, voneinander zu lernen. Konkret heißt das: Komplementäres Wissen und Können muß zusammengeführt, gebündelt und vernetzt werden.

• Die Bereitschaft für den anderen mitzudenken, den Gedanken des/der anderen aufzunehmen, um so ein ständiges Geben und Nehmen in Gang zu setzen, muß vorhanden sein.

Vorgehensweise bei der Einführung

Bei der Einführung von Gruppenarbeit müssen die Mitarbeiter rechtzeitig einbezogen werden und mitsprechen können. Denn nur, wenn Sie die von der Umstellung Betroffenen rechtzeitig zu Beteiligten machen, werden sie sich auch mit den gemeinsam gefundenen Lösungen identifizieren. Wenn diese Vertrauensbasis geschaffen ist, kommen auch versteckte Fehler offen auf den Tisch und können dann auch beseitigt werden.

Grundsatz sollte dabei sein: Bereiten Sie Ihren eigenen Boden für Gruppenarbeit. Lassen Sie eine eigene betriebsspezifische Gruppenarbeit entstehen. Kopieren Sie nicht unreflektiert ein anderes System eins zu eins. Gehen Sie den Weg der eigenen Ideenfindung. Jedes Unternehmen hat schließlich seine eigene Kultur. Entwickeln Sie weiter und beteiligen Sie schon zu Beginn alle Abteilungen in Ihrem Hause. Unterschätzen Sie in dieser Phase nicht das Informations-Bedürfnis des betrieblichen Umfeldes. Gehen Sie bei der Einführung offen und ehrlich vor. Zeigen Sie die Vor- und Nachteile für die Mitarbeiter und den Betrieb in gemeinsamen Gesprächen auf.

Fachleute sagen, daß Gruppenarbeit ein interaktiver Prozeß ist. Das bedeutet aber auch, daß man sich – nach erfolglosen Versuchen der Besserung – von dem trennen muß, der in die Gruppenarbeit nichts einbringen will oder kann. Gruppenarbeit funktioniert nur nach dem Prinzip der Gegenseitigkeit. Für das Vorgehen kann man diese Schritte empfehlen:

• Ergebnis- und zielorientiertes Vorgehen.
Es muß etwas dabei herauskommen.

- Den Entscheidungsvorgang transparent machen.
  Alles, was der Zusammenarbeit dient, ist verständlich darzustellen und nachvollziehbar zu machen. Das Vorgehen muß einsichtig sein.

- Konfliktbereitschaft zeigen.
  Konflikte sachlich austragen und auf der Basis von Offenheit, Zuhören, Vertrauen bewältigen. Ein Blockierer – Besserwisser, Egozentriker, permanenter Nörgler und Nein-Sager – muß stärker eingebunden, umgestimmt und überzeugt werden. Im Extremfall ist er/sie aus der Gruppe auszuschließen. Eine heikle Situation tritt ein, wenn der „Blockierer" ein exponiertes Mitglied ist, was aber nur sehr selten der Fall sein dürfte.

- Gute Atmosphäre schaffen durch sachliche und freundliche Stimmung.
  Zur rechten Zeit Ruhe und Besonnenheit zeigen, v.a. wenn die Situation gespannt ist.

- Humor und auflockernde Anekdoten in die Diskussion einfließen lassen – besonders dann, wenn Verbissenheit festzustellen ist.

Einbindung des Betriebsrats

Bei verschiedenen Projekten hat sich gezeigt, daß ein sich sperrender Betriebsrat bei Gruppenarbeit viel Schwierigkeiten machen kann. Umgekehrt kann ein positiv eingestellter Betriebsrat auch viel zum Gelingen beitragen und die Mitarbeiter von der neuen Arbeitsform überzeugen. Auch ist er/sie bei auftretenden Konflikten als Schlichter meist anerkannt.
Sehen Sie deshalb im Betriebsrat keinen Gegner oder Störenfried, sondern denken Sie daran, daß er/sie ein demokratisch legitimierter Belegschaftsvertreter ist. Binden Sie den Betriebsrat schon bei Ihren Grunsatzüberlegungen zur Gruppenarbeit ein. Integrieren Sie ihn/sie ohne „Muß" in das Projekt. Schließen Sie eine offene, ehrliche Partnerschaft; er/sie wird es Ihnen mit kollegialer Mitarbeit danken.

Der Gruppensprecher

Gruppenarbeit muß von der Basis selbst ausgehen, damit sie umgesetzt und das geplante Ziel erreicht werden kann. Deshalb sollte auch der Gruppensprecher und sein Stellvertreter von den Gruppenmitgliedern demokratisch gewählt werden. Lassen Sie die Kandidaten von der Gruppe aufstellen und die Wahl geheim durchführen. Die Wahl sollte von der Geschäftsleitung anerkannt und voll akzeptiert werden. Vermeiden Sie das Einsetzen eines Gruppensprechers „von oben".

Es gibt sicher einige Sonderfälle, in denen ein Gruppensprecher bestimmt werden muß – doch sollte dies die Ausnahme bleiben.

Klima und Atmosphäre der Zusammenarbeit

Klima und Atmosphäre in der Gruppe beeinflussen den Arbeitsablauf, die Produktivität der gemeinsamen Arbeit und letztendlich die Ergebnisse. Lassen Sie die hierarchische Stellung beiseite; ermuntern Sie zu offenen Worten; spontanes Lob von jedem für jeden, der einen hervorragenden Beitrag leistet; Kritikfähigkeit aller Teilnehmer. Das sind nur einige (bewährte) Rahmenbedingungen für effektive Gruppenarbeit.

Klippen der Zusammenarbeit: Killerkriterien

Wie bei allen anderen Dingen, so können auch hier Fehler gemacht werden. So kann bei der gemeinsamen Arbeit nichts herauskommen, wenn die Teamsitzungen folgende Merkmale aufweisen:

- Reiner Aktionismus („wir kommen halt wieder einmal zusammen").

- Imponiergehabe gegenüber anderen Mitarbeitern im Sinne „wir tun was gemeinsam".

- Ein Routinevorgang ohne Zielvorgabe und ohne Verpflichtung zu greifbaren Ergebnissen.

- Nur eine Gesprächsrunde über das Tagesgeschäft.

- Wenn nichts „zusammengeht" und kein sichtbarer Erfolg in Sicht ist, stellen sich bald Frust und Desinteresse ein.

- Teamarbeit muß vorgelebt werden; d.h. der Chef und die Führungskräfte aller Ebenen müssen zielorientiert und nicht ausführungsorientiert führen.

- Fehlende Sicherheit: Wo ist in Zukunft für die Betroffenen ihr Platz?

- Mangelnde Fehlertoleranz – Fehler müssen erlaubt sein; aus ihnen muß immer wieder gelernt werden.

- Die Umstellung geht zu schnell (oder zu langsam).

- Unrealistische Erwartungen der Geschäftsleitung.

- Wenn Worte und Taten nicht übereinstimmen, reagieren Mitarbeiter sensibel und es gibt bei ihnen einen Vertrauensschwund.

- Alle im Unternehmen müssen ihre Einstellungen und das Verhalten ändern; angefangen bei der Geschäftsleitung, über die Führungskräfte aller Abteilungen, bis zu den Mitarbeitern.

- Nicht zuviel auf einmal vornehmen. Neue Formen der Zusammenarbeit brauchen Zeit. Unsere bisherigen Verhaltensgewohnheiten zu ändern, geht nicht von heute auf morgen.

4.8 Gruppenzusammenhalt fördern

Ein Coach mit anerkannter innerer Autorität kann den Gruppenzusammenhalt fördern durch:

- Aufwertung der eigenen Gruppe gegenüber Außenstehenden und anderen Gruppen, z.B. durch Loben der Gruppe. Das Lob der Gruppe sollte das Lob einzelner überwiegen.

- Herausstellen positiver Merkmale der Gruppe als Ganzes, z.B. der Qualifikation der Gruppe oder ihres Arbeitsverhaltens.

- Aufgrund der guten Gruppenleistung, Vorteile für die Gruppe „erkämpfen", z.B. Belobigung durch Geschäftsleitung, Gruppenprämien, Arbeitsplatzgestaltung, Pausenregelung u.a.

- Wir-Gefühl entwickeln: Einer hilft dem anderen, einer springt für den anderen ein. Das Ergebnis ist immer eine Gruppen- und keine Einzelleistung.

- Das einzelne Gruppenmitglied muß den eigenen Vorteil der Gruppenzugehörigkeit für sich selbst erkennen.

- Jedes Gruppenmitglied schützt und verteidigt die Gruppe bzw. einzelne Mitglieder gegen Angriffe von außen.

4.9 Merkmale erfolgreicher Gruppen

1. Es herrscht eine Arbeitsatmosphäre, die Menschen innerlich zu engagieren und begeistern vermag. Die Gruppenmitglieder hören einander zu.

2. Es ist ein klares Ziel vorhanden. Das Ziel der Gruppe ist mit dem Ziel der einzelnen im Einklang; es ist allen bekannt.

3. Das Ziel ist meßbar, anspruchsvoll, aber erreichbar. Die einzelnen Zielgrößen sind miteinander vereinbar.

4. Es gibt eine klare Führungsstruktur, getragen von innerer Autorität. Meinungsverschiedenheiten werden nicht unterdrückt oder majorisiert. Es gibt auch keine „Tyrannei der Minderheit".

5. Es existieren Gruppenregeln und „Sanktionen" bei Verstößen.

6. Die meisten Beschlüsse werden im Geist der Übereinstimmung gefaßt. Es besteht Einigkeit über den Weg.

7. Der Informationsaustausch läuft offen. Sachliche Kritik fließt leicht und ohne Ängstlichkeit über die Lippen.

8. Es gibt wenig Intrigen. Konflikte und Spannungsfelder werden frühzeitig und offen geklärt. Es gibt dabei keine Leisetreterei.

9. Die Mitglieder bekennen sich zur Gruppe. Jeder trägt nach seinen Kräften zur Lösung bei.

10. Es stehen Lösungen im Vordergrund, nicht Schuldfragen. Die Gruppe verfolgt ihr eigenes Vorgehen mit wachem und kritischem Bewußtsein. Etwaige Störungsmomente werden beobachtet und zu einer Lösung geführt.

5 Werkzeugkasten für Coaching

5.1 Arbeitsmethodik und Selbstmanagement

Für das individuelle Führen braucht man natürlich am Anfang sehr viel Zeit. Ein Coach muß selbst agieren und darf nicht nur reagieren. Er/Sie wird daher die Zeit besser planen müssen, um die gesteckten Ziele mit den Mitarbeitern zu erreichen. Die neuen Aufgaben muß er ganz anders als bisher anpacken und aktiv gestalten, wenn er nicht vom Tagesgeschäft überrollt werden will. Arbeitsmethodik heißt auch, sich selbst zu führen und zu disziplinieren, damit tägliche Abläufe gemeinsam zielorientiert und streßfrei ablaufen und in den Griff zu bekommen sind. Dies spart Zeit, steigert die Leistungsbereitschaft und bringt Erfolg. Es gibt nur noch Zielvorgaben, aber keine detaillierten Anweisungen dazu. Daher müssen auch Sie Ihre Aufgaben mit Prioritäten selbst festlegen, die dafür zur Verfügung stehende Zeit bestimmen, einteilen und planen.

5.1.1 Arbeit planen

Die Zeit, die uns zur Verfügung steht, ist jeden Tag gleich. Die Griechen nannten den immer wiederkehrenden Zeitrhythmus Chronos. Wie wir aber mit der Zeit umgehen, was wir aus ihr machen, ist etwas anderes – für die Griechen war es der Kairos.

Den Unterschied zwischen Chronos und Kairos möchte ich an einem Beispiel verdeutlichen: Zur um 10 Uhr angesetzten Besprechung kommen alle pünktlich; ihr Chronos ist gleich. Aber wie steht es mit ihrem Kairos? Der eine freut sich auf die Besprechung, einem anderen ist sie lästig, ein Dritter hängt mit seinen Gedanken noch bei einem Familienproblem oder woanders. Meist denken wir bei der Zeit nur an den Chronos und vernachlässigen den so wichtigen Kairos.

Durch eine möglichst genaue Arbeits- und Zeitplanung soll erreicht werden, daß die einzelnen Aufgaben bzw. Tätigkeiten nach Prioritäten (wichtig und dringlich) ausgeführt werden, Termine realistisch sind, Engpässe frühzeitig erkannt und rechtzeitig Abhilfe geschaffen werden kann.

Die Planung sollte sich auf drei Bereiche erstrecken:

1. Lang-, mittel- und kurzfristige Termin- und Kapazitätsplanung.
   Hilfsmittel: Jahres-, Monats- und Wochenplan.
2. Planung des Tagespensums:
   Hilfsmittel: Tagesplan.
3. Planung von Arbeitsprojekten.

Hinweis: Es gibt auf dem Markt verschiedene gute und weniger gute Zeitplanbücher und ganze Arbeitszeitsysteme. Bei deren Benutzung sollten Sie allerdings vorsichtig sein und nicht zuviel Zeit in die Aktualisierung und „Buchführung" stecken. Wenn das Zeitplanbuch zum Selbstzweck wird und Sie vor lauter „System" keine Zeit mehr zum richtigen Arbeiten haben, dann läuft etwas schief.

5.1.2 Prioritäten setzen und ABC-Analyse

„Als wir das Ziel aus den Augen verloren, verdoppelten wir unsere Anstrengungen." (Mark Twain[13])

Fragen Sie sich einmal: Welche Aufgaben sind zur Erfüllung meines Auftrages unbedingt erforderlich? Mit welchen erreiche ich bei 20 % Zeitaufwand im Sinne der Zielerreichung 80 % an Effektivität? Das sind meine A-Aufgaben, B- und C-Aufgaben bringen bei 80 % Zeitaufwand nur 20 % an Effektivität. Prüfen Sie die B-, C-Aufgaben auf ihre Delegierbarkeit (siehe Kapitel 2.3) und versuchen Sie B-Aufgaben zu delegieren und C-Aufgaben evtl. zu eliminieren.

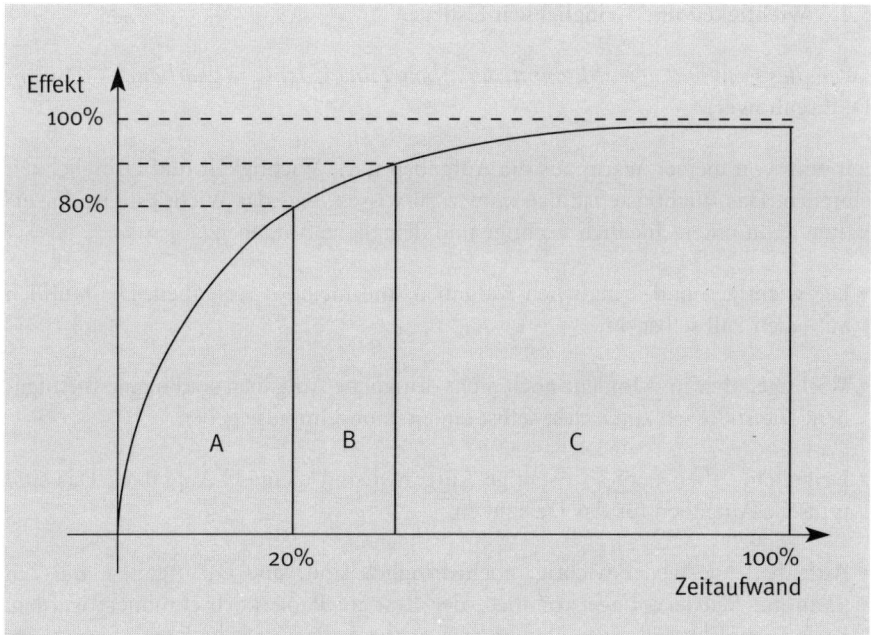

Abb. 20: Prioritäten nach dem Pareto-Prinzip

Mit der ABC-Analyse sollten Sie die wichtigen Aufgaben erkennen.

„Die richtigen Dinge tun, nicht nur die Dinge richtig tun.“ (Erich Kästner)

Vom Eisenhower-Prinzip leitet sich direkt die ABC-Analyse ab:

• Aufgaben, die ebensogut von geeigneten Mitarbeitern wahrgenommen werden können, sind delegierbar. Geklärt werden muß dann nur: „Wer tut was, wie und bis wann?“

• Alle Aufgaben, die nicht unbedingt erforderlich sind, kann man eliminieren.

• Welche Aufgaben sind zu rationalisieren?
Störfaktoren, wie z. B. Telefon, Besucher, Kollegen, Mitarbeiter, Chef, Besprechungen u.a. sollte man besser in den Griff bekommen. Dafür gibt es verschiedene Hilfsmittel und interne Umorganisationen bzw. eine neue Aufgabenverteilung.

5.1.3 Wichtigkeit und Dringlichkeit festlegen

„Wer alles so nimmt, wie es kommt, der arbeitet nicht, der wird gearbeitet.“ (Dwight D. Eisenhower)

Ich muß von meiner Warte aus die Aufgaben nach Wichtigkeit und Dringlichkeit einteilen. Das Wichtigste ist also immer, zu wissen, was das Wichtigste ist. Sie erhalten dann unterschiedlich wichtige und dringliche Aufgaben:

• Die wichtigen und dringlichen Aufgaben sind meine A-Aufgaben. Die muß ich auf jeden Fall selbst tun.

• Wichtige, aber im Moment noch nicht dringliche Aufgaben sind meine B-Aufgaben. Die sollte ich zumindest selbst einleiten und Impulse geben.

• Dringliche, aber nicht so wichtige Aufgaben sind meine C-Aufgaben. Das sind typische Aufgaben für das Delegieren.

• Aufgaben, die weder wichtig, noch dringlich sind, sind D-Aufgaben. Ein Teil kann auf Wiedervorlage kommen, der Rest im Papierkorb eliminiert werden. Kurt Tucholsky soll einmal sinngemäß gesagt haben, daß die Basis jeder gesunden Ordnung ein Papierkorb sei.

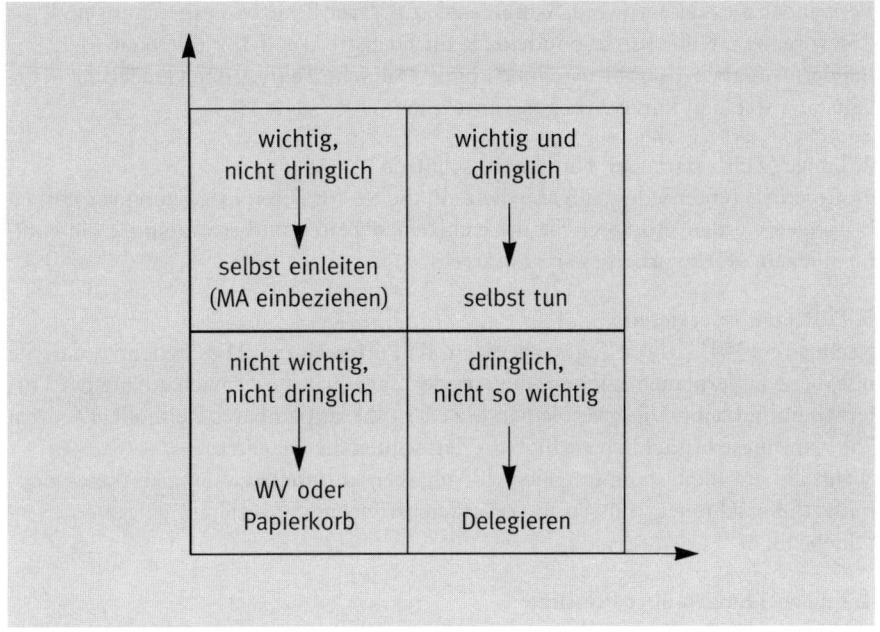

Abb. 21: Wichtige und dringliche Aufgaben

5.1.4 Zeitplanung nach der ALPEN-Methode

A = Aufgaben zusammenstellen

L = Länge (Zeitbedarf) der Tätigkeiten schätzen

P = Pufferzeit reservieren (60 : 40 Regel)

E = Entscheidungen über Prioritäten

N = Nachkontrolle

1. Aufgaben zusammenstellen
Notieren Sie in der entsprechenden Rubrik Ihres Tagesplanes, welche Aufgaben Sie am nächsten Tag erledigen wollen bzw. müssen: vorgesehene Aufgaben aus dem Monats- bzw. Wochenplan, unerledigtes vom Vortag, Notizen, Vorträge, Ideensammlung, neue Tagesaufgaben, Termine, periodisch wiederkehrende Arbeiten.

Verwenden Sie Abkürzungen, Symbole wie z.b. B für Besuche/Besprechungen, L für Lesevorgänge, K für Korrespondenz, R für Dienstreisen, T für Telefonate u.ä. Bei der Aufgabenzusammenstellung können Sie schon eine grobe Gliederung in arbeitsintensive und kurze Arbeiten vornehmen.

2. Länge (Zeitbedarf) der Tätigkeiten schätzen

Notieren Sie hinter jeder Aufgabe die Zeit, die Sie für deren Erledigung vermutlich benötigen werden. Addieren Sie diese einzelnen Zeiten und ermitteln Sie die Summe. Planen Sie Unvorhergesehenes mit ein.

3. Pufferzeit reservieren

Rechnen Sie 40 % Ihrer Tagesarbeitszeit als Pufferzeit ein. Dies bedeutet, daß Sie nur die Zeit verplanen können, die von der Tagesarbeitszeit nach Abzug der Pufferzeit übrig bleibt. Diese verbleibende Zeit ist Ihr verplanbares Zeitbudget für den Tag. Nur diese tatsächlich verfügbare Zeit sollten Sie beachten.

Wenn die für alle bislang festgelegten Aufgaben ermittelte Gesamtzeit dieses Zeitbudget überschreitet, müssen Sie zusammenstreichen, reduzieren, delegieren, verschieben u.a.

4. Entscheidungen über Prioritäten

Ziel ist es, die Gesamtheit der zu erledigenden Aufgaben auf Ihr Zeitbudget zu reduzieren. Setzen Sie eindeutige Prioritäten und bringen Sie Ihre Tagesaufgaben in eine Reihenfolge.

Überprüfen Sie den für die einzelnen Tätigkeiten veranschlagten Zeitbedarf und kürzen Sie, wo es realistisch erscheint. Beurteilen Sie jede Tätigkeit nach Delegations- und Rationalisierungsmöglichkeiten. Jetzt können Sie Ihre Tagespläne aufstellen.

5. Nachkontrolle

Manchmal werden Sie nicht alle für diesen Tag geplanten Arbeiten schaffen. Dann müssen diese auf einen anderen Tag übertragen werden – oder sie entfallen von selbst.

5.1.5 Anregungen für Ihren Tagesplan

Das Tagesgeschäft kann einen „auffressen", wenn man es nicht plant. Daher hier einige gut gemeinte Anregungen:

• Beginnen Sie den Tag mit einer positiven Einstellung, denn Ihre Grundhaltung wirkt auf Erfolg oder Mißerfolg. Prüfen Sie Ihren Tagesplan.

- Arbeiten Sie zu konstanten Zeiten und beginnen Sie mit Ihren A-Aufgaben.

- Berücksichtigen Sie Ihre Tagesleistungskurve und verschwenden Sie Ihr Leistungshoch nicht mit B-, oder C-Aufgaben.

- Besorgen Sie sich alle Unterlagen (Informationen), um störungsfrei arbeiten zu können.

- Setzen Sie für Ungeplantes neue Termine.

- Pläne dürfen natürlich kein Selbstzweck sein; wenn nötig, sind Aufgaben neu zu gewichten und einzuteilen.

- Falls Ihre Gedanken abschweifen, verfolgen Sie diese nicht weiter; notieren Sie spontane Einfälle. (Bei fünf Minuten Störung benötigen Sie acht Minuten, um sich wieder voll auf die eigentliche Aufgabe konzentrieren zu können.)

- Fassen Sie gleichartige Arbeiten in Blöcke zusammen (Telefonate, Korrespondenz). Nach neueren Untersuchungen spart Blockarbeit 20–30 % Zeit.

- Vermeiden Sie „Arbeitsspringerei" – Angefangenes sinnvoll beenden. Im Durchschnitt werden Führungskräfte alle 6–8 Minuten unterbrochen, wenn sie nichts dagegen tun.

- Erledigen Sie „Kleinkram" ohne Verschieben. Nichterledigtes beschäftigt uns mental und macht uns oft Bauchweh.

- Verlassen Sie Ihren Arbeitsplatz mit positiver Stimmung. Was nicht erledigt werden konnte – dafür gibt es einen nächsten Tag. (Reflektieren Sie evtl. die Gründe dafür.)

- Überlegen Sie immer wieder, ob es nicht noch bessere Lösungen gibt, als Sie sie praktizieren.

- Geben Sie jedem Arbeitstag einen Höhepunkt – was soll heute besonders gelingen? Ein Erfolg macht Sie dann auch besonders zufrieden.

- Erstellen Sie die neue Tagesplanung am Vorabend. Nehmen Sie sich dafür ein paar Minuten Zeit.

5.2 Zehn Regeln für Besprechungen

Die größten Zeitfresser sind in allen Organisationen die Besprechungen. Oft wird über zu lange, zu ineffektive, zu langweilige und frustrierende Sitzungen geklagt. Dabei würde es genügen, einige Regeln zu beherzigen:

1. Gut vorbereiten
Man nimmt sich leider oft zu wenig Zeit für die Vorbereitung. Der Preis dafür ist hoch: Die Besprechung dauert länger als geplant und es kommt meist wenig (nichts Konkretes) dabei heraus. Zur Vorbereitung gehört der Inhalt (Worum geht es? Worauf muß man besonders achten?), die Methode (Wie soll das Ziel erreicht werden?), die Organisation (Was muß räumlich und an Medien alles vorhanden sein?).

2. Beziehungsebene beachten
Zu einem positiven Einstieg gehört auch etwas „für den Bauch". Es ist wichtig, ein positives Klima für die gemeinsame inhaltliche Arbeit zu schaffen. Das geht in aller Regel vor dem offiziellen Beginn leichter. Das sprichwörtliche Gespräch über das Wetter kann hierbei gute Dienste leisten.

3. Ziel festlegen
Nach der Begrüßung geht es darum, die Tagesordnungspunkte abzustimmen und das jeweilige Ziel abzuklären. Es genügt nicht, daß vermeintlich „eh jeder weiß, worum es geht". Oft wird einfach nach dem Motto verfahren: „Wir wissen zwar nicht, wohin wir wollen, aber das mit ganzer Kraft!" Die inhaltliche Arbeit sollte nicht beginnen, bevor nicht Konsens über die Zielsetzung zu den einzelnen Punkten besteht.

4. Visualisieren
Die Visualisierung beginnt spätestens bei Beginn der Präsentation, indem man das zu bearbeitende Thema aufschreibt. Am besten eignet sich ein Flip-chart, weil es während der gesamten Zeit sichtbar an der Wand hängen bleiben kann. Während der Besprechung sollten Sie alle zur Bearbeitung wichtigen Inhalte sichtbar machen.

5. Vorgehensweise erläutern
Niemand käme auf die Idee, ein Haus ohne Bauplan zu erstellen. Bei Besprechungen wird das öfter getan. Und jeder wundert sich dann, daß alles so planlos war. Nach Thema und Ziel muß auch der Weg vereinbart werden, der zur Themenbearbeitung beschritten werden soll. Erst dann wird nach dieser Absprache das Thema behandelt.

6. Neutral sein

Ein Moderator ist dafür verantwortlich, daß die Gruppe zu einem Ergebnis kommt, nicht aber für dessen Qualität (aus seiner Sicht). Er sollte sich zwar in die Inhalte hineindenken können, aber nicht inhaltlicher Experte sein. Die inhaltlichen Beiträge sollten Sie lieber in Form von Fragen bringen und möglichst wenig besserwisserisch und direktiv wirken.

7. Mehr fragen als sagen

Entscheidungen werden von den Betroffenen am ehesten mitgetragen, wenn sie sich in der Entscheidung wiederfinden. Dies kann nur der Fall sein, wenn sie auch gefragt werden. Deshalb viel mit offenen Fragen arbeiten (siehe Kapitel 3.6.3).

8. Beim Thema bleiben

Ein großes Problem ist, daß bei betrieblichen Besprechungen die Themen immer wieder „zerredet" werden. Die gemeinsam formulierte Zielsetzung (vgl. 3. Regel) gibt immer wieder die Möglichkeit nachzufragen, ob das eben Diskutierte noch zum Thema bzw. zur Zielsetzung paßt. So kann man den „roten Faden" beibehalten oder wiederfinden.

9. Auf konkrete Vereinbarungen achten

Sie kennen vielleicht den Satz „Bei einer Besprechung gehen zwar viele hinein, aber wenig kommt dabei heraus". Damit das nicht so ist, muß konsequent darauf geachtet werden, daß das angestrebte Ziel erreicht wird und konkrete Maßnahmen nach dem Muster „Wer macht was bis wann" beschlossen werden. Hilfreich ist hierbei ein visualisierter „Maßnahmenkatalog" mit entsprechenden Spalten, in den die Beschlüsse eingetragen werden.

10. Positiv abschließen

Die Teilnehmer sollen die Besprechung in guter Erinnerung behalten und mit dem Vorsatz, die beschlossenen Maßnahmen in die Tat umzusetzen, verlassen. Dabei kann ein ehrlicher Dank an die Gruppe für die vielen guten Vorschläge und das zielorientierte Arbeiten, sehr gut weiterhelfen.

5.3 Konzentration auf eine Sache

Laotse wurde einmal von einem Europäer gefragt: „Großer Meister, warum bist Du immer so ausgeglichen?" Das ist ganz einfach, antwortete der Angesprochene „Wenn ich sitze, dann sitze ich; wenn ich aufstehe, dann stehe ich auf; wenn ich gehe, dann gehe ich." Das ist doch nichts Besonderes, das tue ich doch auch", meinte der Europäer. Nein sagte darauf der Meister: „Wenn Ihr sitzt, denkt Ihr schon an das Aufstehen; wenn Ihr aufsteht, denkt Ihr schon an das Gehen; wenn Ihr geht denkt Ihr schon wieder an irgend etwas anderes."

Vielleicht kommt es bei uns durch dieses „Nicht-Konzentrieren-Können" zu Überlastungssymptomen und Streßreaktionen.

5.3.1 Selbsttest: Mein Streßfaktor

Chronische Überlastung macht den ganzen Menschen krank. Zuerst psychisch, dann beziehungsmäßig und schließlich körperlich. Mit dem folgenden Kurztest können Sie Ihre persönliche Streßbelastung überprüfen:

Streßbelastung			
Selbsteinstufung	ja	manchmal	nein
1. Fühlen Sie sich gereizter als sonst?	☐	☐	☐
2. Haben Sie Schwierigkeiten, sich zu konzentrieren?	☐	☐	☐
3. Fühlen Sie sich müde und lustlos?	☐	☐	☐
4. Schweifen Ihre Gedanken oft ab?	☐	☐	☐
5. Sind Sie nicht so kreativ wie sonst?	☐	☐	☐
6. Brauchen Sie viel mehr Ruhe?	☐	☐	☐
7. Hetzen Sie sich zu sehr ab?	☐	☐	☐
8. Können Sie sich nicht richtig entspannen?	☐	☐	☐
9. Brauchen Sie Alkohol, Kaffe, Nikotin oder andere Mittel, um in Schwung zu kommen?	☐	☐	☐
10. Haben Sie das Gefühl, einmal ausbrechen zu wollen? ☐		☐	☐
11. Fühlen Sie sich trotz Erschöpfung ruhelos?	☐	☐	☐
12. Müssen Sie sich zur Arbeit zwingen?	☐	☐	☐
13. Fühlen Sie sich „ausgelaugt"?	☐	☐	☐
14. Möchten Sie am liebsten einige Zeit niemanden sehen?	☐	☐	☐
15. Trommeln Sie vor Nervosität mit den Fingern, beißen auf Ihren Lippen, auf Kugelschreiber, Bleistifte usw.?	☐	☐	☐

Auswertung:
Addieren Sie die in den jeweiligen Spalten gemachten Kreuze. Multiplizieren Sie dann die Anzahl der Kreuze mit den folgenden Werten: Ja = 10 Punkte. Manchmal = 5 Punkte. Nein = 0 Punkte.
Ergeben sich bei der Gesamtaddition mehr als 40 Punkte, sollten Sie einmal überdenken, wie Sie Ihre Streßsituation abbauen können.

5.3.2 Mehr Zeit für das Wesentliche

Wer Überlastung als Plage empfindet, sollte dies nicht als unabänderliches Schicksal hinnehmen, sondern nach Auswegen aus dieser Misere suchen. Sie können das – wie zuvor schon ausgeführt – auf dreierlei Weise tun:

1. Aufgaben, die zum Erreichen Ihres Arbeitszieles nicht beitragen, z.b. Kleinkram, Routinearbeiten (C- und D-Aufgaben) sollten Sie fallen lassen, entrümpeln oder eliminieren. Haben Sie den Mut, auch etwas wegzuwerfen, frei nach dem Motto von *Tucholsky*, daß Ordnung mit einem großen Papierkorb beginne.

2. Aufgaben, die auch ebensogut von anderen wahrgenommen werden können (B-Aufgaben, z.b. Beschaffung von Unterlagen und Informationen für die wichtigen und dringlichen Aufgaben), sollten Sie nicht unbedingt selbst ausführen, sondern delegieren.

3. Konzentrieren Sie sich auf die A-Aufgaben, die für Sie im Sinne der Zielerreichung sehr wichtig sind; z.b. planerische und dispositive Arbeiten. Einzelne Tätigkeiten, die Sie vielleicht zu aufwendig und zeitraubend erledigen, sollten Sie vereinfachen und effizienter ausführen.

5.3.3 Wichtige „Zeitfresser"

Kreuzen Sie Ihre persönlichen „Zeitfallen" an. Wo sind sie versteckt? Was können Sie dagegen tun?

Zeitfresser	ja	nein
1. Unklare Zielsetzung	☐	☐
2. Keine Prioritäten	☐	☐
3. Versuch, zuviel auf einmal zu tun	☐	☐
4. Fehlende Übersicht über anstehende Aufgaben und Aktivitäten	☐	☐
5. Schlechte Tagesplanung	☐	☐
6. Persönliches Durcheinander – Überhäufter Schreibtisch	☐	☐
7. Papierkram und Lesen	☐	☐
8. Schlechtes Ablagesystem	☐	☐
9. Suche nach Notizen	☐	☐
10. Zu wenig innerer Antrieb	☐	☐
11. Fehlende Koordination – Teamwork	☐	☐
12. Telefonische Unterbrechung	☐	☐
13. Unangemeldete Besucher	☐	☐
14. Nicht „nein" sagen können	☐	☐
15. Unvollständige, verspätete Information	☐	☐
16. Mangelnde Selbstdisziplin	☐	☐
17. Aufgaben nicht zu Ende führen	☐	☐
18. Ablenkung – Lärm	☐	☐
19. Langwierige Besprechungen	☐	☐
20. Mangelnde Vorbereitung auf Gespräche und Gruppensitzungen	☐	☐
21. Keine oder ungenaue Kommunikation	☐	☐
22. Zuviel Kommunikation	☐	☐
23. Privater Schwatz	☐	☐
24. Zu viele Aktennotizen	☐	☐
25. „Aufschreiberitis" bei unangenehmen Aufgaben	☐	☐
26. Alle Fakten und Einzelheiten wissen wollen	☐	☐
27. Wartezeiten (z.B. bei vereinbarten Terminen)	☐	☐
28. Hast – Ungeduld	☐	☐
29. Zu wenig Delegation	☐	☐
30. Mangelnde Übersicht von delegierten Aufgaben	☐	☐

5.4 Moderation und Visualisierung

Um Inhalte, Situationen und Entwicklungen (Trends) zu vermitteln, gibt es verschiedene Methoden und Medien:

Methoden[14]
- Vortrag
- Lehrgespräch
- Moderation mit Flip-chart, Overhead-Folien, Karten/Metaplan
- Fallstudien
- Rollenspiele (Selbst- und Fremdbild)
- Unterweisung (in fünf Schritten)
- Demonstration
- Besprechung und Gruppensitzung

Medien
- Tafel
- Flip-chart
- Pinnwand
- Overhead-Projektor
- Overhead mit LCD (Liquid Crystal Display) und Beamer zur Visualisierung von PC-Daten
- Kartenabfrage/Metaplan
- Handzettel
- Magnettafel
- Haftfolien
- Arbeitsunterlagen

Hier möchte ich mich auf die Moderation mit Kartenabfrage/Metaplan, Flip-chart und Overhead-Folien beschränken, da sie sich für die Gruppenmoderation am besten eignen. Das LCD-Display nehme ich noch mit auf, weil es sich gut für die Visualisierung von PC-Daten eignet.

5.4.1 Kartenabfrage/Metaplan

Diese Methode dient dazu, Gruppen bei Lernprozessen nondirektiv zu steuern. Diese Steuerung geschieht durch einen Moderator. Die Methode basiert auf einer sinnvollen Verbindung von Visualisierung und Gruppensteuerung, wobei die Visualisierung zwar ein wichtiges Element, im Grunde jedoch nur das Vehikel ist, um Kommunikations- und Entscheidungsprozesse schriftlich festzuhalten. Sie liefert außerdem eine knappe, rekonstruierbare Unterlage mit hohem Verpflichtungscharakter, was für den Transfer und die Umsetzung sehr sinnvoll ist. Vor allem, wenn viele von einem komplexen Problem betroffen sind, ist diese Methode ein geeignetes Instrument, da man alle an der Lösung beteiligen kann.

Vorteile
- Alle haben die Chance zur Mitwirkung, was deren Engagement fördert.
- Die Dominanz einzelner wird erschwert.
- Eine gute Verbindung kognitiver und affektiver Lernprozesse ist möglich.
- Die wechselseitige Kleingruppen- und Plenumsarbeit aktiviert die Gruppenteilnehmer und sorgt für Dynamik der Lernprozesse.
- Die Visualisierung erfordert Aufmerksamkeit, Beteiligung, andererseits auch Zustimmung oder Offenlegung bei Konflikten.
- Die Atmosphäre ist in der Regel aufgelockert und spontan.

Gesprächsregeln
- 30 Sekunden Redezeit
- Schriftliche Diskussion
- Jedes Argument auf eine einzelne Karte
- Nicht mehr als sieben Wörter oder drei Zeilen auf eine Karte
- Evtl. Gegenargument dazu schreiben
- Mit Punkten bewerten
- Bei Einwänden oder Nichtverstehen: blitzen

Welche Effekte bringt das gleichzeitige Äußern auf Karten?
- Konzentrationszwang und Kreativitätsanreiz
- Dokumentation
- Keine Beeinflussung durch Meinungsmacher
- Gemeinsamkeiten sehen
- Die Beiträge sind jederzeit wieder herholbar
- Klarheit und Schönheit
- Zeitersparnis
- Spontan und kreativ; Ideen plastisch formulieren
- Vielfalt der Themen
- Die Gedanken werden sichtbar
- Meinungsstrukturierung
- Aktivierung aller Teilnehmer; jeder kommt zu Wort
- Soziale Mitarbeit wird gefördert

Praktischer Hinweis:
Schreiben Sie mit dicken Filzstiften groß und lesbar auf die Kärtchen. Großbuchstaben (Versalien) sind zwar schöner und sehen gut aus, aber große Anfangsbuchstaben und kleine Folgebuchstaben geben dem Auge jedoch mehr Halt.
Zur Fragestellung: Eine Frage soll zum Ziel hinführen; sie soll offen sein, d.h. mehrere Antworten zulassen. Mit einer Frage sollen auf den Kärtchen Meinungen und Erfahrungen formuliert werden können; z.b. die Frage: „Mit welchen Schwierigkeiten muß sich ein Gruppensprecher immer wieder herumschlagen?"

5.4.2 Flip-chart und Overhead-Projektor

Ein Flip-chart ist nichts anderes als ein großer Schreibblock. Damit die Schriften und Zeichnungen gut lesbar sind, sollte man deutlich, groß genug und mit dicken Filzstiften schreiben. Bei Gruppenarbeit können mit dem Flip-chart die gemeinsam erarbeiteten Ergebnisse gut visualisiert werden. Die beschriebenen Blätter (Charts) kann man abtrennen (flippen). Diese „Charts" können als sichtbares Protokoll an die Wand geheftet werden. Es empfiehlt sich dabei, Tesakreppabrisse bereitzuhalten und die Seiten zu numerieren.

Ein Standardgerät ist der Overhead-Projektor. Er ist deshalb so beliebt, weil er in der Handhabung einfach und leicht zu transportieren ist. Voraussetzung ist nur ein Stromanschluß, eine Leinwand oder ganz einfach nur eine weiße Fläche an der Wand, für die Projektion. Sie können vorbereitete Folien verwenden oder die Folien während der Präsentation mit Folienstiften entstehen lassen.

Gestaltung von Overhead-Folien
Verwenden Sie als Coach möglichst wenig vorgefertigte Folien, da sie schematisch und unpersönlich wirken – auch wenn sie farbig gestaltet sind. Oft enthalten sie auch zuviel Text und die Zeit für die Darstellung und Erklärung ist zu kurz, so daß die Teilnehmer die Inhalte nicht aufnehmen können.
Besser ist es, wenn Sie Zeichnungen, Skizzen, Organigramme und Symbole schrittweise mit der Gruppe auf Leerfolien gemeinsam entwickeln. Die Teilnehmer können bei der Entwicklung mitarbeiten und die Zusammenhänge besser verstehen und nachvollziehen.

Beachten Sie:
- Die Schriftgröße sollte mindestens einen Zentimeter betragen.
- Es sollten höchstens sechs Zeilen auf einer Folie stehen.
- Zeichnen Sie Graphiken, Pfeile, Diagramme. Skizzen, Symbole u.ä.

- Verwenden Sie möglichst dunkle Farben (wegen der Lesbarkeit) und nicht mehr als vier (schwarz, rot, grün, blau).
- Klein geschriebene Folien sind ein Augenpulver und kaum lesbar. Wenn Sie sie trotzdem einsetzen wollen, müssen sie für die Teilnehmer kopiert werden.

5.4.3 Overhead mit LCD

In Verbindung mit dem Overhead-Projektor können Sie jetzt PC-Daten relativ einfach mit dem LCD-Zusatzgerät (Liquid Crystal Display) – Flüssigkristall-Anzeiger – präsentieren. Es wird wie eine Folie auf die Projektionsfläche gelegt und mit einem PC verbunden. Die Bildschirmanzeige mit Daten, Graphiken und Texten erscheint dann auf der Leinwand. Der Monitor kann meist parallel zum Display weiterbetrieben werden. Für eine lesbare Übertragung sind lichtstarke Geräte wichtig. Portable Geräte, bei denen die Lampe im Projektionskopf eingebaut ist, sind für LCDs nicht geeignet. LCD-Displays übertragen inzwischen auch farbige Informationen.

5.5 Didaktik für den Coach

- Bringen Sie gut aufbereitete Beiträge. Sie wissen, daß die ersten Sätze über Akzeptanz oder Ablehnung des Beitrags entscheiden.
  Wie sagen doch die Amerikaner so treffend?: „You never get a second chance for the first impression".
- Kurze, verständliche Beiträge haben eine größere Chance.
- Sprechen Sie nicht zu den Teilnehmern, sondern mit ihnen.
- Verwenden Sie Wir-Formulierungen; das betont die Gemeinsamkeiten.
- Stellen Sie Übereinstimmung her oder diskutieren Sie positiv-kontrovers. Entwickeln Sie pro und contra.
- Bieten Sie Alternativen oder mehrere Lösungsmöglichkeiten an. Vor- und Nachteile sollten Sie herausarbeiten.

5.5.1 Verständlichmacher

Oft werden Gespräche unklar, unverständlich und mit nicht eindeutigen Äußerungen geführt. Wie kann man die Verständlichkeit von Aussagen verbessern? Es gibt dafür vier Dimensionen, die sich jeweils aus verschiedenen Einzelmerkmalen zusammensetzen:

Einfachheit
Dies ist der erste und wichtigste „Verständlichmacher". Wählen Sie einfache Formulierungen! Eine Mitteilung kann einfach oder kompliziert sein, obwohl sie im wesentlichen den gleichen Sachverhalt ausdrückt.
Einfach heißt: kurz, anschaulich, bildhaft, mit bekannten Wörtern.

Ordnung/Gliederung
Hier wird der Aufbau einer Mitteilung angesprochen, d.h. ihre innere Folgerichtigkeit (Ordnung) und bei schriftlichen Texten ihre äußere Übersichtlichkeit (Gliederung). Je länger eine Mitteilung ist, um so wichtiger ist dieser zweite Verständlichmacher.
Geordnet heißt: übersichtlich, folgerichtig, zusammenhängend, wichtige Teile hervorheben.

Kürze/Prägnanz
„Fasse Dich kurz!" ist eine gute Regel, aber ein „Telegrammstil" ist übertrieben. Wenn Sie weitschweifig reden, verlieren die Gruppenteilnehmer schnell den „roten Faden" und die Aufmerksamkeit läßt nach.

Anregungen/Stimulanz
Unter diesem vierten „Verständlichmacher" ist alles zusammengefaßt, womit Sie Ihre Gesprächsteilnehmer dazu anregen können, sich persönlich zu beteiligen: Gehen Sie auf die Wünsche und Bedürfnisse der Teilnehmer ein, schaffen Sie eine gemeinsame Basis.

5.5.2 Weiterführende Fragen

Fragen sollen Denkanstöße vermitteln und zum Mitmachen anregen. Fragen können das Problembewußtsein erhöhen und das Finden von Lösungsansätzen erleichtern.

Durch Fragen kann der Coach:
- auf das Vorwissen, auf Bedürfnisse seiner Mitarbeiter eingehen;
- erkennen, inwieweit Einzelmeinungen auch Gruppenmeinung sind;
- jedem Mitarbeiter die Chance geben, seine Ansichten zu artikulieren;
- den individuellen Lernbedarf aufdecken;
- Stimmungen transparent machen.

Fragen sollten immer zuerst an alle gerichtet werden. So fühlt sich jeder angesprochen. Ruft man dagegen schon vorher jemand auf, werden sich die anderen vielleicht nicht mehr an der Lösung der Aufgabe beteiligen.

6 Der Coach schafft Veränderungsbereitschaft

Nach neuesten Untersuchungen verschiedener seriöser Institutionen ist Wissen mit über 50 % an der Wertschöpfungskette beteiligt. Der Erfolg eines Unternehmens hängt also in erster Linie von seiner Lern- und Veränderungsfähigkeit ab. Leistungswillen, Können, Erfahrung, Kreativität und Veränderungsfähigkeit jedes einzelnen Mitarbeiters sind dazu unabdingbar. Nur wenn es gelingt die Ressourcen jedes einzelnen Menschen zu nutzen, wird ein Unternehmen wachsen können und langfristig Erfolg haben.

Solange aber der Grundsatz „Wissen ist Macht" noch zu den prägenden Faktoren einer Unternehmenskultur gehört, wird kein Mitarbeiter bereit sein, seine persönlichen Kenntnisse dem gesamten Unternehmen zur Verfügung zu stellen. Auf dem Gebiet der Wissenserweiterung und Nutzung von vorhandenem Wissen, ist in den meisten Unternehmen noch viel zu tun – das Führungsprinzip Coaching könnte dabei eine gute Hilfe sein.

6.1 Wie Lernen erfolgt

Der Mensch lernt nicht nur in der Schule, sondern permanent sein ganzes Leben lang. Das einzige, das er sehr selten lernt, ist das Lernen selbst.

Es gibt verschiede Arten des Lernens:

Affektives Lernen
Das affektive Lernen ist Lernen durch Erfahrung.
Beispiel: Ein Mitarbeiter greift auf eine heiße Metallplatte und verbrennt sich die Finger. Er spürt den Schmerz und erkennt dadurch, daß es nicht sinnvoll ist ein heißes Stück Eisen anzufassen.

Kognitives Lernen
Das kognitive Lernen ist Lernen durch Verstehen.
Beispiel: Dem Mitarbeiter werden die Gruppenregeln erklärt. Er versteht, daß eine Ordnung sinnvoll ist und handelt entsprechend.

Soziointegratives Lernen
Hier wird die Grenze zwischen Lernen und Erziehung verwischt. Gemeint ist das Erlernen des Verhaltens in der Gruppe und das Lernen durch die Gruppe.

Beispiel: Ein einzelner kann ein kompliziertes Produkt nur partiell verbessern. In einer entsprechend zusammengesetzten Gruppe ist diese Aufgabe besser zu lösen.

Psychomotorisches Lernen
Gemeint ist das Lernen durch Trainieren, permanentes Wiederholen zur Festigung des Wissens, bzw. körperliche Leistungen durch Übung steigern.
Beispiel: Ein Sportler trainiert im Kraftraum. Durch ständiges Stemmen von Gewichten stärkt er die Muskeln und verbessert seine Schnellkraft.

6.2 Die verschiedenen Lerntypen

Nicht jeder Mensch lernt gleich. Daher unterscheidet man verschiedene Lerntypen. Der eine lernt durch Sehen, der andere durch Hören, der dritte lernt am einfachsten, wenn er etwas ausführt. Die Sinnesorgane, mit denen wir beim Lernvorgang wahrnehmen, bezeichnet man auch als „Eingangskanäle". Je nachdem über welchen Eingangskanal eine Person hauptsächlich aufnimmt, unterscheidet man verschiedene Lerntypen:

Der verbale Diskussionstyp
Er lernt im Gespräch, durch Formeln und Begriffe.

Der visuelle Sehtyp
Er lernt durch Lesen, Experimentieren und Beobachten.

Der auditive Hörtyp
Er lernt durch Zuhören und auch durch Formeln und Begriffe.

Der haptische Fühltyp
Er muß anfassen, die Dinge spüren, sie selbst tun, um lernen zu können.

Das individuelle Lernproblem eines jeden Gruppenmitglieds zu lösen, scheint fast unmöglich. Trotzdem soll ein effektiver Lernprozeß stattfinden. Daher empfiehlt es sich stets mehrere Sinnesorgane anzusprechen, um zu gewährleisten, daß die Teilnehmer mehrkanalig aufnehmen können.

6.3 Leistungskurve

Alle Menschen unterliegen einer ähnlichen Leistungskurve. Sie paßt sich in einem gewissen Rahmen den einzelnen Gewohnheiten an. So können die Leistungshöhepunkte nach vorne und hinten verschoben werden, zumal die menschliche innere Uhr sich in einem Rhythmus von etwa 32 Stunden einpendelt. Trotzdem sollte man die Zeit der höchsten Leistungsbereitschaft zum Lernen nutzen. Sie liegt etwa zwischen 9 bis 12 Uhr und 15 bis 18 Uhr.

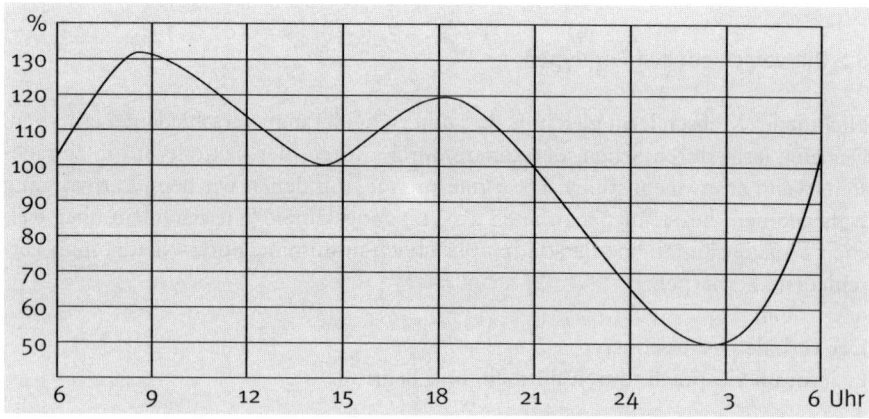

Abb. 22: Kurve der Leistungsbereitschaft (n. O. Graf[15])

6.3.1 Belastbarkeit

Selbst während der Zeit höchster Leistungsbereitschaft ist der Mensch nicht durchgehend voll belastbar. Er benötigt Pausen, Erholungsphasen. Das Gehirn kann nicht ständig speichern. Folgen zwei Lernschritte zu schnell aufeinander, so stört entweder der folgende Lernschritt den ersten – man nennt dies rückwirkende Gedächtnishemmung – oder der erste Lernprozeß muß noch verarbeitet werden und stört damit die Aufnahme des nächsten – das ist eine vorauswirkende Gedächtnishemmung. Daher sollten zwischen den einzelnen Lernschritten Pausen liegen.

6.3.2 Folgerung für das Lernen

Es gibt verschiedene Arten des Lernens. Welche Art gewählt wird, richtet sich nach der Umwelt und dem Lernstoff. Wichtig ist es, die für den jeweiligen Lerntyp richtige Lernform zu finden. Genauso wichtig ist es, zur richtigen Zeit zu lernen, die

Lernschritte in der „passenden" Größe auszuwählen, dazwischen Entspannungs-phasen einzulegen und den Lehrstoff mit Auflockerungen zu würzen.
Bei jeder Schulung sind drei Dinge zu beachten: Sie sollte ...

• informieren (über etwas Neues),
• motivieren (etwas zu tun),
• unterhalten (Spaß machen).

Die Teilnehmer erwarten nicht nur fachliche Details, sondern auch Abwechslung in Form von Aha-Erlebnissen, Anekdoten, kleinen „Gags" und motivierenden Ap-pellen.
Entscheidend für die Durchführung ist immer die Person, die den Teilnehmern vor-handene Ängste nehmen muß. Ihre Ausstrahlung entscheidet über Erfolg oder Mißerfolg. Der Medieneinsatz kann dabei nur eine untergeordnete Rolle spielen.
Auf technischen „Schnickschnack" sollte sowieso verzichtet werden.

6.4 Ängste abbauen

Um festgefahrene Strukturen zu verändern, müssen bislang gültige Normen, Wert- und Zielvorstellungen hinterfragt und als nicht mehr unumstößlich begriffen werden. Veränderungen sind für viele der Betroffenen oft mit tiefgreifender Verunsicherung verbunden. Diese Verunsicherung muß abgebaut werden. Es gibt Tausende von Ängsten; im Grunde genommen können Sie, besonders am Arbeitsplatz, auf fol-gende drei Grundängste reduziert werden.

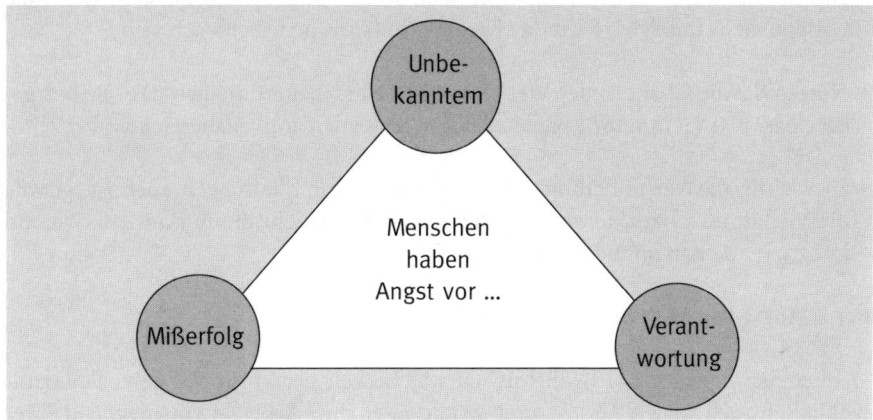

Abb. 23: Grundängste

6.4.1 Angst vor Unbekanntem

Die Ängste sollten durch umfassende, ehrliche und offene Information / Kommunikation abgebaut werden. Schon *Konrad Lorenz* hat bei seinen vielen Forschungen mit Graugänsen die Bedeutung und Wichtigkeit der Information immer wieder hervorgehoben.

Mangelnde Information führt zu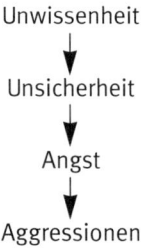

80 bis 85 % der Menschen wollen Aufgaben, die Bekanntes, Gewohntes beinhalten. Man muß also bei den meisten Menschen mit Widerständen rechnen, wenn es um Neuerungen geht? Wie kann man darauf Einfluß nehmen?

• Die „Zauberformel" heißt „Betroffene zu Beteiligten machen!" Wir müssen immer den folgenden Zusammenhang sehen:
Resultat einer Entscheidung = Güte der Entscheidung × Motivation zur Umsetzung.
Das heißt, eine Entscheidung kann noch so gut und vernünftig sein, wenn die Gruppe nicht mitzieht, wird das Ergebnis entsprechend schwach sein.

• Nutzen Sie die Chancen der Vielfalt bei den Mitarbeitern. Jedem das „Seine" geben, das, was zu ihm/ihr „paßt". Ändern Sie evtl. Tätigkeitsbereiche.

• So wichtig die Verpflichtung auf gemeinsame Grundhaltungen auch ist, gerade die Vielfalt an Charakteren und Meinungen ermöglicht durch konstruktive und integrierende Auseinandersetzung den Wandel!

6.4.2 Angst vor Mißerfolg

Denken Sie dabei an das Bedürfnis nach Sicherheit bei Maslow. Dieses Bedürfnis beinhaltet auch, daß 90 % unserer Mitarbeiter ihre Arbeit – entsprechend ihrer Fähigkeiten und ihres Reifegrades – gut machen wollen.

Das bedeutet:

- Verschaffen Sie ihnen Erfolgserlebnisse durch herausfordernde, aber nicht überfordernde Aufgaben. Vielleicht übertragen Sie nicht alles auf einmal, sondern „portionieren" den Auftrag.

- Erklären und erläutern Sie so, daß der Mitarbeiter Sachverhalte und Zusammenhänge verstehen kann.

- Auch schon bei kleineren Erfolgen sollten Sie eine positive Rückmeldung geben.

6.4.3 Angst vor Verantwortung

Sie müssen erst einmal selbst von der Neuerung überzeugt und begeistert sein. Begeisterung und Sympathie steckt an. Genauso ist es umgekehrt mit Zweifel und Unsicherheit.

- Bereiten Sie durch gründliche Schulungen die Betroffenen auf ihre neuen Aufgaben und Verantwortlichkeiten vor.

- Helfen Sie mit, in Gesprächen den inneren Druck abzubauen, unter den sie sich vielleicht selbst setzen.

- Gehen Sie auf Befürchtungen ein und entkräften Sie sie. Bleiben Sie dabei glaubwürdig.

- Lassen Sie Fehler zu, ohne daß gleich …

- Die Mitarbeiter müssen auch Licht am Ende des Tunnels sehen, einen Silberstreif am Horizont erkennen.

6.5 Wie der Coach Veränderungen einführt

80 bis 85 % der Menschen sind Beharrungstypen; sie wollen Aufgaben, die Bekanntes, Gewohntes beinhalten. Nur der Rest sind sog. Entfaltungstypen, die die Aufgaben fordern, die Risiken, aber auch Chancen beinhalten. Weil das so ist, muß man bei der Einführung von Neuerungen besonders behutsam vorgehen.

1. Geben Sie dem Mitarbeiter das, was zu ihm „paßt". Reichern Sie evtl. Tätigkeiten an.

2. Erklären und erläutern Sie; der Mitarbeiter soll Sachverhalte und Zusammenhänge verstehen. Befürchtungen sollten Sie ernst nehmen und evtl. entkräften,
dabei aber glaubwürdig bleiben.
3. Die Mitarbeiter sollten Sie nicht nur informieren und beteiligen, sondern ihnen
auch immer wieder versichern, daß man ihnen zu- und vertraut, das Neue auch
zu schaffen.
4. Seien Sie weiterhin offen für den Dialog. Die Sache ist noch nicht endgültig, es
sind weiterhin Änderungen möglich.

Beispiel: Ein mittelständisches Unternehmen gerät unter Druck. Falschlieferungen
und Reklamationen häufen sich. Gute Kunden haben schon die Geschäftsbezie-
hungen abgebrochen. Im Versand muß eine neue Führungskraft her.
Führungskraft 1: Der Neue kritisiert nicht nur, er macht auch nützliche Verbesserungsvorschläge. Trotzdem wächst der Widerstand. Er stößt auf offene und verdeckte
Ablehnung. Nach zwei Wochen glaubt er, von Neinsagern, Sturköpfen und Saboteu-
ren umgeben zu sein. Er steigert sich regelrecht in diese Vorstellung hinein.
Folge: Er macht mehr Druck, zwingt mit klaren detaillierten (schriftlichen) Anweisungen und verschärfter Kontrolle. Doch der Widerstand wird nur noch größer.
Nach einem halben Jahr hilft ihm auch der Rückhalt der Geschäftsleitung nichts
mehr. Er muß gehen.

Führungskraft 2: Der Nachfolger tritt schon ganz anders auf. In den ersten Wochen
läßt er alles laufen wie bisher. Er spricht viel mit allen und jedem einzelnen Mitarbeiter, hört zu, stellt Verständnisfragen, beobachtet Arbeit bzw. Abläufe und will
lernen. Seine Ideen behält er zunächst für sich. Auch wenn er glaubt, etwas besser
zu wissen, belehrt er niemand.
Nach ein paar Wochen erklärt er, was unbedingt beibehalten werden sollte. Erfolg-
reiche Verfahren, intelligente Abläufe stellt er deutlich heraus. Erst jetzt leitet er die
ersten Veränderungen ein; eine nach der anderen, die wichtigste zuerst. Während der
gesamten Umstellungsphase betont er, daß er fest von der Leistungsfähigkeit seiner
Mitarbeiter überzeugt ist. Nach drei Monaten hat die Versandabteilung ihre Arbeit
voll im Griff und die Gruppe bringt permanent neue Verbesserungsvorschläge.

Was war geschehen?
Wenn eine neue Führungskraft kommt, trifft sie meist auf die Ablehnung der „alten Hasen" nach dem Motto: „War denn alles falsch, was wir hier gemacht haben?
Das hatten wir doch schon einmal und es hat damals auch nicht funktioniert. Der
soll erst einmal was von der Sache verstehen, dann können wir darüber reden."
Jetzt kommt plötzlich ein Neuer und respektiert, was sie bisher gemacht haben. Gegen was sollen sie sich auflehnen? Nur Druck erzeugt Gegendruck! Kooperativ in-

tegriert der Neue seine Vorstellungen in die Welt des Unternehmens und bespricht sie mit den Betroffenen. Einiges davon ist sicher auch den „Vordenkern" in der Gruppe in den Sinn gekommen und sie fühlen sich bestätigt: „Das habe ich doch schon immer gewußt."

Besonders hervorzuheben ist die Aussage des Neuen, daß er seinen Mitarbeitern zutraut, die neuen Aufgaben auch zu schaffen. Er traut ihnen sogar mehr zu, als sie sich im Moment selbst zutrauen – und das sagt er ihnen auch. Damit tritt eine positive „Sich selbst erfüllende Vorhersage" in Kraft: Menschen werden zu dem, was wir von ihnen halten. Wenn ich z.b. jemand für zuverlässig halte, bewirkt ein subtiles System von Signalen, Aufmerksamkeiten, Zuwendungen und vielen anderen Dingen, daß er/sie zuverlässig wird. Das gilt im Positiven und leider viel öfter im Negativen.

Für Neues ist immer Zeit

Wenn ein Mitarbeiter oder eine Mitarbeiterin meint, daß er/sie mit den neuen Aufgaben zeitlich überlastet sein könnte und mit der Killerphrase „keine Zeit" kommt, erzählen Sie ihm/ihr – statt herbeigeholte Gegenargumente zu bringen – die Geschichte mit dem Holzhacker:

„Ein Spaziergänger sieht an einem Waldrand einen Waldarbeiter, der mühsam, angestrengt und gequält Holz hackt. Er ist schon ganz rot im Gesicht und schwitzt aus allen Poren. Als der Wanderer näher kommt, sieht er, daß die Axt des Holzfällers schon ganz stumpf ist und Schrammen hat. Da meint er wohlgelaunt: „Entschuldigung, Sie sollten Ihre total stumpfe Axt wieder einmal schärfen lassen, dann brauchen Sie sich vielleicht nicht mehr so anzustrengen." „Dafür" gab der Holzhacker ächzend und stöhnend zurück, „habe ich keine Zeit, denn ich muß ja Holz hacken!"

6.6 Kontinuierliche Verbesserungsprozesse in Gang setzen

Die folgenden vier Schritte empfehlen sich bei der Bearbeitung von Aufgaben und Problemen:

Schritt 1:
Festlegen des zu bearbeitenden Problems.
Zunächst müssen die Teilnehmer festlegen, welches Problem sie bearbeiten wollen, was zum Problem gehört und was nicht. Dafür sollte maximal 10 % der verfügbaren Zeit aufgewendet werden.

Schritt 2:
Feststellen der Problemursachen.
Im zweiten Schritt ist festzustellen, welche Ursachen das Problem hat – warum das Problem überhaupt besteht. Ursachen sollten Sie nach ihrer Bedeutung gewichten, damit wir uns nicht mit Nebensächlichkeiten aufhalten. Die Ursachenforschung ist sehr wichtig. Wir sollten uns dafür etwa 40 % der verfügbaren Zeit vornehmen.

Schritt 3:
Erarbeiten von Lösungsmöglichkeiten, was getan werden kann, um die Problemursachen in den Griff zu bekommen.
Denken Sie dabei auch an neue und kreative Alternativen. Dafür können wir uns auch ca. 40 % der verfügbaren Zeit nehmen.

Schritt 4:
Im letzten Schritt ist festzulegen, wer, was, bis wann macht, um die erkannten Probleme zu lösen.
Für diese Entscheidung ist etwa 10 % der Zeit für die Problemlösungssitzung in Anspruch zu nehmen.

Anschließend geht es erst richtig an die Arbeit! Ein Problemspeicher kann beim Abarbeiten der Probleme helfen und bringt eine gewisse Systematik und übersichtliche Visualisierung:

6.6.1 Problemspeicher

Problembeschr.	Priorität	Moderator	Gruppenmitglied	Termin d. Sitzung

Nach jeder Sitzung ist festzulegen, welches Problem in der nächsten Sitzung behandelt werden sollte. Sprechen Sie Probleme auch dann an, wenn zunächst noch keine Lösung in Sicht ist.

6.6.2 Ideensammlung und Maßnahmenplan

Sieben bis max. zwölf Personen nehmen an einem Teamgespräch teil, das bestimmten Regeln unterworfen ist. Die Sitzung soll nicht länger als 45 Minuten dauern; wenn innerhalb dieser Zeit keine Lösungsansätze sichtbar werden, laden Sie ein paar Tage später zu einer neuen Konferenz ein. In jeder Sitzung sollte nur ein Problem besprochen und diskutiert werden.

Es werden benötigt: Flip-chart oder Tafel, Pinnwand oder Haftwand, Meta-Plan-Kärtchen, Notizpapier und Stifte für jeden Teilnehmer.

Die Sitzordnung sollte so sein, daß jeder zu den anderen Augenkontakt hat. Alle müssen Flip-chart, Pinnwand oder Tafel einsehen können. Deshalb ist ein offener Kreis bzw. Halbkreis am besten.

Ablauf

Erster Schritt: Problem definieren
Der Moderator definiert mit der Gruppe das Problem und notiert es auf dem Flip-chart. Das Problem sollten Sie nicht zu eng fassen, da sonst kein Ideenfluß zustande kommt.
Dauer: max. fünf Minuten.

Zweiter Schritt: Sachfragen klären
Die Gruppe stellt Fragen zum Problem (Bringen Sie noch keine Lösungsvorschläge, aber jeder Teilnehmer notiert sich spontane Ideen.). Der Moderator geht auf die Fragen ein, bis das Problem allen klar ist.

Dritter Schritt: Regeln festlegen
Der Moderator erklärt die Regeln und notiert sie auf dem Flip-chart (oder besser: hat sie vorbereitet).
• Der Phantasie sind keine Grenzen gesetzt:
  Es soll alles genannt werden, was einem einfällt (Alles ist erlaubt.).
• Vernunft und Logik spielen keine Rolle:
  Vermeintlich bestehende Gesetzmäßigkeiten gelten nicht; deshalb kann sich auch keiner blamieren.
• Quantität geht vor Qualität:
  Je mehr Ideen genannt werden, desto größer ist die Chance, daß eine gute Idee

darunter ist. Übrigens hat es sich gezeigt, daß die Qualität der Ideen mit der Quantität zunimmt.

- Kritik ist streng verboten:
  Es darf während der ersten Phase keine Idee kritisiert bzw. beurteilt werden (weder bei anderen, noch bei sich selbst); nicht verbal, noch mimisch oder durch abwertende Gesten.
- Es gibt keine Urheberrechte:
  Das Ergebnis ist Gruppenleistung. Im Protokoll sollten keine Namen genannt werden.
- Die Ideen sollen nicht ausgewalzt werden:
  Schwingen Sie keine großen Reden, ein paar Worte genügen. Es soll deutlich und nicht durcheinander gesprochen werden.
  Dauer: fünf bis sieben Minuten.

Vierter Schritt: Kritiklose, kreative Phase
Die Teilnehmer versuchen, möglichst viele Ideen zu entwickeln. Erwarten Sie noch keine Problemlösungen. Die Ampel für den Ideenfluß steht auf Grün. Ihre Frage z.B. „Versuchen Sie, sich neue Wege auszudenken, wie ..." Die Frage „Wie" ist wirkungsvoller als die Frage „Warum".
Dauer: zwanzig bis dreißig Minuten.

Fünfter Schritt: Vorschläge bewerten
Erst jetzt werden die Ideen bewertet (nicht schon während des kreativen Teils). Jetzt erst darf analysiert, klassifiziert, bereichert und kritisiert werden. Legen Sie vorher die Beurteilungskriterien fest, wie z.B. Realisierbarkeit, Stimmigkeit, Kosten u.ä.

Sechster Schritt: Maßnahmenkatalog
Um die geplanten Maßnahmen, Vorhaben, Projekte auch umzusetzen bzw. in Gang zu bringen und eine Übersicht der einzelnen Vorhaben zu haben, empfiehlt sich ein Maßnahmenkatalog, der etwa so aussehen könnte:

Maßnahme, Vorhaben, Projekt		
Wer?	Was?	Bis wann?

6.7 Das lernende Unternehmen entwickeln

Die Lernfähigkeit von Unternehmen und Mitarbeitern wird immer wieder wortreich beschworen. Von lebenslangem Lernen ist die Rede. Die Bereitschaft zu regelmäßiger Fortbildung ist ein „Muß" im betrieblichen Alltag. Lernbereitschaft gilt als wichtige Schlüsselqualifikation. Die Betriebe investieren hohe Summen in die Weiterbildung ihrer Mitarbeiter. Und dennoch: Viele Mitarbeiter tun sich mit regelmäßiger Weiterbildung schwer. Wenn man einer aktuellen Studie glauben darf, bilden sich nur etwa 20 bis 30 % der Berufstätigen im Laufe eines Jahres weiter. Bedenkt man die geringe Halbwertzeit des Wissens, wird deutlich, daß wir vom lernenden Unternehmen noch weit entfernt sind, obwohl die Flut an Weiterbildungsmöglichkeiten nahezu unübersehbar ist.

Gerade Fähigkeiten, die für neue Arbeitsformen, z.B. Gruppenarbeit, unverzichtbar erscheinen, – wie Vertrauenskultur, Sozialkompetenz, Teamfähigkeit, Dialogbereitschaft, Kooperation, integrierende Konfliktlösung, Überzeugungskraft, Einfühlungsvermögen, Toleranz, Glaubwürdigkeit, andere Sichtweisen verstehen, Konsensfähigkeit u.a. – sind in Standard-Workshops nur bedingt vermittelbar, da es um tiefgreifende Einstellungs- und Verhaltensänderungen auf allen Ebenen geht. Nur auf Dauer angelegte und im betrieblichen Alltag verwurzelte Qualifikationen der Mitarbeiter und Mitarbeiterinnen werden Wachstum und Erfolge ermöglichen.

Wenn wir im Mitarbeiter nicht nur den Kostenfaktor Nr. 1 sehen, sondern den Erfolgsfaktor Nr. 1, dann wird das Engagement und der Einsatz unermeßlich sein und wir können das anspruchsvolle Ziel der lernenden Organisation erreichen. Die Wege dorthin sind höchst individuell und verschließen sich standardisierten Patentlösungen. Jedes Unternehmen muß seinen Weg finden. Vielleicht schaffen wir es dabei auch, individuelle Selbstlernprozesse mit entsprechenden Hilfen (Medien, Anleitungen) in Gang zu bringen. Arbeit ist immer wieder neu zu lernen und Lernen ist Arbeit!

Der konische Verlauf der Spirale in Abb. 24 soll andeuten und symbolisieren, daß wir bei der Entwicklung zur lernenden Organisation nie fertig werden. Die Lernschritte werden zwar immer kleiner, gehen aber erst im Unendlichen – also praktisch nie – gegen Null.

In einer Erwachsenen-Bildungsstätte habe ich an einer Wand gelesen:
„Wer glaubt, schon etwas zu sein, hat aufgehört, etwas zu werden."

Abb. 24: Die „lernende" Organisation – eine Spirale ohne Ende

Zusammenfassung

Vor dem 2. Weltkrieg und in den Jahren danach herrschten in unseren Betrieben „tayloristische" Abläufe vor. Die Arbeitsteilung wurde übertrieben und Arbeitsinhalte bis in kleinste Einheiten zerlegt. Auf der einen Seite wurden dadurch beträchtliche Rationalisierungsreserven erzielt, auf der anderen Seite wurde das Mitdenken verhindert: Die Mitarbeiter (Macher) durften nicht denken und die Führungskräfte (Denker) nichts tun. Durch die verbesserte Ausbildung der Mitarbeiter, die vielfältigen individuellen Kundenwünsche, verbunden mit anspruchsvolleren, komplexeren Aufgaben, ließ sich diese Trennung nicht mehr länger durchhalten.

Beim Mitarbeiter-Coaching ist Denken und Arbeit wieder vereint. Diese Führungsform erfordert Gemeinschaftssinn und soziale Fähigkeiten. Diese sind zwar bei fast allen Menschen vorhanden, doch inzwischen leider etwas verkümmert. Das liegt sicher auch daran, daß unser bisheriges Ausbildungssystem (Schulen und Hochschulen) vorwiegend egoistische „Einzelkämpfer" hervorgebracht hat. Diese Entwicklung muß umgekehrt werden! Wenn die Führungsideen des Coaching in den Betrieben vorgelebt und umgesetzt werden, können wir sicher zu ganzheitlichen Ansätzen kommen.

Den Betrieben kommt dabei eine wichtige Aufgabe zu: Sie müssen das „Sollen" mit dem „Wollen" verbinden, d.h. Unternehmensanforderungen und Mitarbeiterinteressen zur Deckung bringen. Das geht nur mit ganzheitlicher, abteilungsübergreifender Zusammenarbeit, Abbau von Befehlsstrukturen und einer Unternehmenskultur, in der Freiraum, Akzeptanz, eigenverantwortliches Handeln, gegenseitiges Vertrauen und kooperatives Vorgehen Alltag ist.
Am wichtigsten aber ist es, jeden einzelnen Mitarbeiter als gleichberechtigten, gleichwertigen Partner zu behandeln und zu achten, der zwar anders sein kann, aber weder schlechter noch besser ist als ich selbst.

Der berühmte Rennfahrer Caracciola soll einmal gesagt haben: *„Wer gerne Auto fährt, fährt gut".* Das läßt sich auch auf die Arbeit übertragen: *„Wer gerne arbeitet, arbeitet gut".* Richtig praktiziertes Coaching ist eine Möglichkeit, die Mitarbeiter wieder dazu zu bringen, gerne und damit auch gut zu arbeiten!

Zum Abschluß darf ich noch Goethe zitieren:
„Behandle die Menschen so wie sie sind und sie werden schlechter. Behandle sie so wie sie sein könnten und sie werden besser."

Quellenangaben

1 De Crescenzo, L.: „Geschichte der griechischen Philosophie", Zürich 1985, S. 79–81

2 ebd.

3 Herzberg, F.: „One more time: how do you motivate employees?", Harvard Business Review, New York Jan./Feb. 1968

4 Gordon, Th.: „Managerkonferenz", Reinbek 1982, S. 179–183

5 Schoeck, G.: „Seneca für Manager" Aus den „Briefen an Lucillius", Zürich und München, 11. Auflage 1990

6 Rogoll, R.: „Nimm dich, wie du bist", Freiburg 1981, S. 13–19

7 Harris, Th. A.: „I'am OK – you're OK: a practical guide to Transactional Analysis", New York 1968. Deutsche Übersetzung „Ich bin OK – Du bist OK", Reinbek 1978, S. 31–51

8 Watzlawick, P.: „Wie wirklich ist die Wirklichkeit?", München 1995, S. 142 bis 144

9 Watzlawick, P.: „Anleitung zum Unglücklichsein", München, 3. Auflage 1998, S. 37–38

10 Berne, E.: „Games People Play", New York 1964. Deutsche Übersetzung „Spiele der Erwachsenen", Reinbek 1979, S. 103, 134, 146–163

11 Stollberg, D.: „Lernen, weil es Freude macht", Einführung in die Themenzentrierte Interaktion, München 1982, S. 32–42

12 Sahm, A.: „Übungsziel: Führungsverhalten", Berlin 1981, S. 22–24

13 Twain M.: „Huckleberry Finn", 1997

14 Donnert, R.: „Am Anfang war die Tafel ...", München 1990, S. 61–86

15 Graichen, Winfried U.; Seiwert, L. J.: „Das ABC der Arbeitsfreude", 10. Auflage 1997, Speyer; und „Mehr Zeit für das Wesentliche", Audiokassette, Landsberg 1988

Literaturverzeichnis

Berne, Eric: Spiele der Erwachsenen, Reinbek, 1970

Bienert, Werner/Crisand, Ekkehard: Arbeitshefte zur Führungspsychologie, Heidelberg,
Heft 1: Psychologie der Persönlichkeit (E. Crisand), 7. Auflage 1996
Heft 15: Konflikttraining (K. Berkel), 5. Auflage 1997
Heft 16: Führung von Gruppen (H.-J. Rahn), 3. Auflage 1995

Brocher, Tobias: Gruppendynamik und Erwachsenenbildung, Braunschweig, 1981

Donnert, Rudolf: Am Anfang war die Tafel, München, 1990,

Donnert, Rudolf: Soziale Kompetenz, München, 1996

Frankl, Viktor E.: Das Leiden am sinnlosen Leben, Freiburg, 1991

Goleman, Daniel: Emotionale Intelligenz, München, 10. Aufl. 1997

Harris, Thomas A.: Ich bin o.k. Du bist o.k., Reinbek, 1978

Lenz, Gerhard (Hrsg.): Die Seele im Unternehmen, Heidelberg, 1991

Maddux, Robert B.: Team-Bildung, Wien 1993

Molzberger, Peter: Synergetische Zusammenarbeit, Riemerling, 1990

Nerdinger, Friedemann W.: Führung durch Gespräche, München, 1996

Rosenstiel, Lutz v.: Mitarbeiterführung in Wirtschaft und Verwaltung, München, 1993

Sahm, August: Humanisierung der Arbeitswelt, Freiburg, 1980

Warnecke, Hans-Jürgen: Revolution der Unternehmenskultur, Heidelberg, 2. Aufl. 1993

Watzlawick, Paul: Wie wirklich ist die Wirklichkeit? München, 1995

Stichwortverzeichnis

A

ABC-Analyse 99
Abteilungsdenken 12
Affektives Lernen 114
Alleswisser, Diskussionstyp 89
ALPEN-Methode
 – Zeitplanung nach der 101
Andorra-Phänomen 38
Anforderungen
 – an einen Coach 21
Angst, Kern-Emotion 46
Antipathie 42
Arbeitsmethodik 98
Arbeitsorganisation 81
Arbeitsphase 87
Ärger, Kern-Emotion 45
Aufbau von Gesprächen
 – Gesprächsabschluß 61
 – Gesprächseröffnung 61
 – Kerngespräch 61
Aufgaben der Delegation 34
Autonome Gruppen 81
Autoritätsfurcht 19

B

Begeisterung 42
Belastbarkeit 116
Beruflicher Lebensbereich 26
Betriebshierarchie 79
Betriebsrat 94
Bewerbungsgespräch 66
Beziehungsebene 50
Beziehungsgeflecht 20

C

Clique 80
Coach
 – als Führungskraft 19
 – Anforderungen an einen 21
 – persönliche Eigenschaften eines
 – Emotionalität 23
 – geordnete Denkstrukturen 23
 – Intellekt mit Analytik 23
 – Intuition 23
 – Spontanität 23
 – Systematik 23
 – Zielorientierung 23

D

Delegation 34
 – Aufgaben 34
 – Kompetenz 34
 – Verantwortung 34
Demotivation 37
Denkstrukturen, geordnete
 – persönliche Eigenschaften eines
 Coach 23
Diadikt 112
Dialog, Entscheidungsstufe 37
Dialogfähigkeit 50
Dickfelliger, Diskussionstyp 89
Diskussion 74
Diskussionstyp
 – verschiedene Lerntypen 115
Diskussionstypen, verschiedene
 – der Alleswisser 89
 – der Dickfellige 89
 – der Erhabene 89
 – der Positive 89
 – der Redselige 90
 – der schlaue Ausfrager 90

– der Schüchterne 89
– der Streitsüchtige 89
– der Widerborstige 90
Durchsetzungsvermögen 91

E

Eigenschaften, persönliche eines
   Coach
– Emotionalität 23
– geordnete Denkstrukturen 23
– Intellekt mit Analytik 23
– Intuition 23
– Spontanität 23
– Systematik 23
– Zielorientierung 23
Einfühlungsvermögen 43
Einstellungsgesräch 66
Einzelorganisation 15
Eisenhower-Prinzip 100
Eltern-Ich
– Strukturprogramm der
   Persönlichkeit 51
Emotionalität
– persönliche Eigenschaft eines
   Coach 23
Emotionen
– Angst 45
– Ärger 45
– Freude 45
– Liebe 45
– Trauer 45
Entscheidungsstufen
– Dialog 37
– Kooperation 37
– Monolog 37
– Selbständigkeit 38
Entwicklungsgespräche 39
Er-Ebene 55
Erhabene, Diskussionstyp 89

Erörterungen 74
Erwachsene
– psychologische Spiele von 75
Erwachsenen-Ich
– Struktruprogramm der
   Persönlichkeit 51
Ethischer Kompaß 26
– Gerechtigkeit 27
– Klugheit 26
– Mäßigkeit 27
– Tapferkeit 27

F

Facettenorganisation 15
Fachspezialist 91
Flip-chart 111
Formelle Gruppen 79
Formierungsphase 86
Forming
– Gruppenentwicklung 86
Fragen
– geschlossene 63
– offene 63
– warum 64
Fragenkatalog zur
– Selbstreflexion 28
Freude, Kern-Emotion 46
Fühltyp
– Lerntyp 115
Führungskraft, Coach als 19

G

Gefühlsbereich 23
Generator, innerer 35
Gerechtigkeit
– Ethischer Kompaß für einen 27
Geschlossene-Fragen 63
Gesprächsabschluß 61
Gesprächsaufbau 60

Gesprächseröffnung 61
Gesprächsregeln 110
Grundängste 117
Gruppen
– autonome 81
– Clique 80
– formelle 79
– informelle 79
– kreative 80
– produktive 80
– Projektgruppen 80
– teilautonome 81
Gruppenaktivität 78
Gruppendruck
– Gruppenerwartungen 84
– Gruppennormen 84
Gruppendynamik 84
Gruppenentwicklung 86
– Arbeitsphase 87
– Formierungsphase 86
– Konfliktphase 86
– Normierungsphase 86
Gruppenerwartungen
– Gruppendruck 84
Gruppengröße 82
Gruppennormen
– Gruppendruck 84
Gruppensprecher 94
Gruppenstrukturen, soziale 82
Gruppenzusammenhalt 96

H, I
Höflichkeit 49
Höhrtyp, Lerntyp 115
Ich-Botschaften 64
Ideensammlung und Maßnahmenplan 123
Individuum 78
Informationstechnologie 20

Informelle Gruppen 79
Innovationserfolge 21
Intellekt mit Analytik
– persönliche Eigenschaft eines Coach 23
Interaktion, themenzentrierte 79
Interaktionsfeld 78
Intuition
– persönliche Eigenschaft eines Coach 23

J
Jahresgespräch
– mit Protokoll 69
Job enlargement 81
Job enrichment 81
Job rotation 81

K
Kästchendenken 12
Kern-Emotionen
– Angst 46
– Ärger 45
– Freude 46
– Liebe 46
– Trauer 46
Kerngespräch 60
Killerkriterien 95
Killerphrasen
– Kommunikationshemmer 74
Kindheits-Ich
– Strukturprogramm der Persönlichkeit 51
Klugheit
– Ethischer Kompaß für einen Coach 26
Kognitives Lernen 114
Kohäsion 83
Kommunikation
– Fehler in der 59

Kommunikationshemmer
 – Killerphrasen 74
 – Psychologische Spiele von
   Erwachsenen 75
Konfliktbereich, partnerschaftlicher
   42
Konfliktfeld, partnerschaftliches 41
Konfliktlösungsgespräch 44
Konfliktphase 86
Konzentration
 – auf eine Sache 105
Kooperation, Entscheidungsstufe 37
Kreative Gruppen 80
Kreativpotential 21
Kreuztransaktion 55
Kritikgespräche 39

L

Lebensbereich
 – beruflicher 26
 – privater 26
 – sozialer 26
Leistungskurve 116
Lernen
 – affektives 114
 – kongnitives 114
 – psychomotorisches 114
 – soziointegratives 114
Lerntypen
 – Diskussionstyp 115
 – Fühltyp 115
 – Hörtyp 115
 – Sehtyp 115
Liebe, Kern-Emotion 46

M

Mäßigkeit
 – Ethischer Kompaß für einen
   Coach 27

Maßnahmenplan, Ideensammlung und
   123
Meetings 74
Meta-Kommunikation 62
Mitarbeitergespräch 74
Moderator 90
Monolog, Entscheidungsstufe 37
Motivationsgespräch 68

N

Normierungsphase 86
Norming
 – Gruppenentwicklung 86

O

Offene-Fragen 63
Opposition 83
Overhead mit LCD 112
Overhead-Folien 111
Overhead-Projektor 111

P

Paralleltransaktion 54
Partnerschaftlicher Konfliktbereich 42
Partnerschaftliches Konfliktfeld 41
Performing
 – Gruppenentwicklung 87
Persönliche Eigenschaften, eines Coach
 – Emotionalität 23
 – geordnete Denkstrukturen 23
 – Intellekt mit Analytik 23
 – Intuition 23
 – Spontanität 23
 – Systematik 23
 – Zielorientierung 23
Persönlichkeit, Strukturprogramm der
 – Eltern-Ich 51
 – Erwachsenen-Ich 51
 – Kindheits-Ich 51

Positive, Diskussionstyp 89
Prägnanz 113
Privater Lebensbereich 26
Problempersonen 47
Produktive Gruppen 80
Projektgruppen 80
Protokoll, Jahresgespräch mit 69
Psychomotorisches Lernen 115
Psychologische Spiele von
  Erwachsenen
  – Kommunikationshemmer 75
Pufferzeit 102

R
Redselige, Diskussionstyp 90
Rückmeldung
  – Bedeutung der 62
  – praktische Hilfen für bessere 62
Rücksichtnahme 49

S
Sachebene 50
Scheinbare Transaktionen 75
Schlaue Ausfrager, Diskussionstyp 90
Schüchterne, Diskussionstyp 89
Schulausbildung 14
Sehtyp, Lerntyp 115
Selbständigkeit, Entscheidungsstufe 38
Selbsterkennung 58
Selbstmanagement 98
Selbstmotivation 48
Selbstreflexion
  – Fragenkatalog zur 28
Selbstwertgefühl 39
Soll-Anforderungen 17
Sonderprojekte 80
Sozialer Lebensbereich 26
Soziogramm 85
Soziointegratives Lernen 114

Spaßmacher 49
Spontanität
  – persönliche Eigenschaft eines
  Coach 23
Stimulanz 113
Storming, Gruppenentwicklung 86
Strategien
  – für Teamarbeit 92
Streitsüchtige, Diskussionstyp 89
Streßfaktor 106
Strukturprogramm der Persönlichkeit
  – Eltern-Ich 51
  – Erwachsenen-Ich 51
  – Kindheits-Ich 51
Sympathie 42
Synergieeffekt 79
Systematik
  – persönliche Eigenschaft eines
  Coach 23

T
Tagesplan 102
Tapferkeit
  – Ethischer Kompaß für einen 27
Teamarbeit
  – Strategien für 92
Teamfähigkeit 87
Teamleiter 78
Teilautonome Gruppen 81
Themenorientierung 78
Themenzentrierte Interaktion 78
Transaktionen
  – scheinbare 75
  – wirkliche 75
Transaktionsanalyse 54
  – Kurztest zur 56
Trauer, Kern-Emotion 46

U

Überordnung 22
Überzeugungskraft 24
Unternehmenswachstum 21
Unterordnung 22
Ursachenanalyse 16

V

Veränderungsbereitschaft 114
Verbesserungsprozesse 121
Verständlichmacher 112
Verstandsebene 23
Visualisieren 104

W

Warum-Fragen 64
Widerborstige, Diskussionstyp 90
Wirkliche Transaktionen 75

Z

Zeitfresser 107
Zeitplanung
  – nach der ALPEN-Methode 101
Zielorientierung
  – persönliche Eigenschaft eines
    Coach 23
Zielvereinbarungsgespräch 31
Zuhören
  – Bedeutung des 61
  – praktische Hilfen für besseres 61
Zusammenarbeit
  – Atmosphäre der 95
  – Klima der 95
  – Klippen der 95

Die Führungskraft
als Ausbildungsmanager

 Motivierte Mitarbeiter fallen nicht vom Himmel. Und weil das so ist, sollten sich moderne Unternehmen über die Aus- und Weiterbildung ihrer Mitarbeiter viele Gedanken machen. Dieses Mitarbeiter-Trainingsprogramm zeigt, wie die effiziente und kostensparende Aus- und Weiterbildung im Betrieb funktionieren kann. Führungskräfte managen hier die Potentiale ihrer Mitarbeiter und ermöglichen ihnen den kontinuierlichen Ausbau eigener Fähigkeiten durch gezieltes Lernen am Arbeitsplatz.

Albert Decker ist Diplom-Sozialwirt und arbeitet in einem Industrieunternehmen an einem Projekt über multimediale Lernsysteme am Arbeitsplatz.

Dr. rer. pol. Franz Decker ist emeritierter Professor für Wirtschaftspädagogik und -didaktik sowie Wirtschaftswissenschaften und ist als Managementtrainer tätig.

Albert Decker
Franz Decker

Ausgelernt

Personal-, Organisations- und Wissensentwicklung als Lernprozesse am Arbeitsplatz

gibt's nicht

Lexika Verlag®

2. völlig überarbeitete Auflage
238 Seiten

ISBN 3-89694-211-5

 Lexika Verlag erscheint bei Krick Fachmedien GmbH + Co.
Fichtestraße 3 · D-97074 Würzburg
Telefon: (09 31) 8 04 05-0 · Telefax: (09 31) 8 04 05-48
Internet: http://www.lexika.de · E-Mail: lexika@krick.com

 Lexika Verlag®
Mehr Wissen